디지털 게임 스토리텔링

게임 은하계의 뉴 패러다임

차례

Contents

03게임과 서사의 충돌과 화합 25게임 서사의 층위 45게임 서사와 상호작용성 68게임 서사의 주인공, 영웅과 악당 87진정한 영웅을 꿈꾸는 플레이어를 위하여

게임과 서사의 충돌과 화합

오! 슈퍼 마리오

　헤르츠(J.C. Herz)는 "만약 「시민 케인 *Citizen Kane*」이 21세기에 태어났다면, 죽기 직전에 '로즈버드(Rosebud)'라고 말하지 않고 '마리오(Mario)'라고 말했을 것이다."라는 우스개 소리를 한 바 있다. 영화사상 최고의 영화로 꼽히는 오손 웰즈(Orson Welles)의 1941년 작 「시민 케인」에서 신문왕 찰스 케인은 대저택에서 '로즈버드'라는 단 한마디 말을 남기고 쓸쓸히 죽어간다. 영화가 내내 찾아 헤매는 케인의 로즈버드란 그가 불우하던 어린 시절에 유일하게 그의 놀이친구가 되어 즐거움을 안겨줬던 낡은 썰매였다. 그러나 21세기 우리의 '로즈버드'는

게임계의 고전인
닌텐도의 패미컴용 게임
「슈퍼 마리오」 중 마리오.

1985년 닌텐도의 비디오 게임기 패미컴 시절부터 게임의 대명
사로 불리던 슈퍼 마리오이다. 헤르츠의 말대로 1980년대에 유
년기를 보낸 사람이라면 케인이 썰매 지치던 어린 시절을 그리
워하듯 슈퍼 마리오 브라더스를 그리워할 것이다.

상업적 성공을 이룬 비디오 게임의 기원은 「퐁 *Pong*」(Atari,
1972)으로 거슬러 올라간다. 게임에 대한 1970년대의 논의는
컴퓨터 잡지 귀퉁이에 실린 마그나복스(Magnavox)나 아타리
(Atari)의 가정용 비디오 게임에 관한 광고 정도의 수준에 불과
했다. 그러나 1980년대에 가정용 게임기의 보급률이 기하급수
적으로 증가하면서 게임 산업은 호황기를 누리게 된다. 1985
년 닌텐도(Nintendo Entertainment System: NES)의 등장은 '게임
의 신세계'를 선언하는 것과 같았다. 게임 회사들은 자사 제품
을 홍보하기 위해서 게임 공략법이 담긴 소장용 책자를 발행
했다.

1990년대에 들어서자 PC의 보급, 대용량 시디롬의 등장 등

으로 게임은 새로운 전성기를 맞이한다. 1993년에는 괄목할 만한 시디롬 게임 두 편이 등장하는데, 하나는 빠른 게임인 「둠 *Doom*」(액티비전 activision)이었고 다른 하나는 느린 게임인 「미스트 *Myst*」(유비소프트 Ubisoft)였다. 그러나 당시 게임이란 여전히 아이들의 두뇌를 좀먹는 유해물로만 인식됐다. 1980년대와 1990년대에 이뤄진 게임에 대한 논의는 대체적으로 '게임이 인간에게 어떤 해악을 끼치는가?' '게임은 인간의 인지체계에 어떤 악영향을 미치는가?'와 같은 사회·심리학적 연구에 집중됐다.

20세기 말, 다양성이 강조되는 포스트모더니즘의 깃발 아래 대중문화에 대한 '론(論)'들이 전면적으로 대두하는 분위기 속에서 게임도 '10번째 예술(art)'의 영역에 가까스로 합류하게 되었다. 스티븐 풀(Steven Poole)은 1980년대 초반 사회학자들에게 있어 비난의 대상이었던 '플레이어의 심리적 반응'을 미학적 차원의 논의로 끌어올린다. 깐깐하기로 정평이 나 있는 프랑스의 영화잡지 『카이에 뒤 시네마 *Cahier du Cinema*』는 2002년 9월호를 게임을 위한 특별호로 발간하기도 했다. 1980년대에 게임의 해악성에 대해서 열변을 토하던 비평가나 학자들은 슬그머니 방향을 바꿔 게임 산업을 '새로운 할리우드', 게임을 '영화의 새로운 개척자'라고 평가했다.

이제 게임은 더 이상 아이들의 두뇌를 좀먹는 불량식품이 아니었다. 그러나 그것은 여전히 20세기를 주름잡았던 소설이나 영화의 연장선상에서 논의될 때만 가치 있는 것이라고 평가됐다. 20세기의 학자들에게 있어서 게임은 독립된 예술이나 미디어로 인식되기에는 지나치게 상업적이고 지나치게 대중적인 존재였다. 마샤 킨더(Marsha Kinder)의 지적대로, 게임이란 기존의 미디어와 새로운 미디어를 연결시키는 일종의 연결 미디어로서의 역할을 할 뿐 그 자체로는 존재를 인정받지 못했던 것이다.

게임이 당당히 '학(學)'으로 인정받기 시작한 것은 불과 3~4년 전의 일이기 때문에 아직은 구체적이고도 확고한 틀이 정립되지 않은 상태이다. 기술이 인간을 압도하는 21세기의 초고속 세상에서 게임은 하루가 다르게 변화하고 있다. 특히 한국의 게임 발달 속도는 미래지향적이다. 그러나 게임 이론을 담고 있는 책은 나온 지 6개월 만에 '낡은 이론'으로 냉대받기 일쑤다. 정태적이고 보수적인 틀로는 현재와 미래의 게임을 담아내지 못하고, 예측불허의 게임이라는 활어를 담아내기 위해서는 보다 잘 짜여진 그물망을 준비해야만 한다. 게임은 완결된 서사가 아니라, 현재진행형의 서사이기 때문이다.

홀로덱에 선 햄릿

게임이라는 진행형의 서사를 설명할 수 있는 그물망은 무엇으로 구성되어야 하는가? A4용지 700장 분량의 시나리오를 기반으로 탄생한 콘솔용 롤플레잉게임(Role Playing Game, 이하 RPG) 「마그나카르타: 진홍의 성흔 *Magnacarta*」(소프트맥스,

2004)은 종이책에서 진화한 이야기 예술인가, 아니면 전혀 다른 형태의 예술인가?

최근 북미 및 유럽의 학계에서는 학문으로서의 게임을 규명하는 문제를 두고 접전이 벌어졌다. 게임을 소설, 영화 등 기존 서사물의 연장선상에서 이해하려는 '서사학(narratology)'과, 이전에는 존재하지 않았던 새로운 디지털 시대의 산물로 이해하려

콘솔게임의 본고장 일본을 강타한 국산 PS2용 게임 소프트맥스의 「마그나카르타: 진홍의 성흔」 중 주인공 리스와 칼린츠.

는 '게임학(ludology)'의 대결이 바로 그것이다. 서사학 대 게임학의 논쟁은 게임에서 스토리가 차지하는 위상의 평가 차이에서 비롯된다.

서사학자들은 게임이란 "기존의 선형적 서사의 패러다임을 따르지 않고도 인간의 개성과 영혼을 전달할 수 있다는 점에서 분명 기존과 다른 예술 형태"로 게임을 인식한다. 또한 "새로운 세계적 공동체와 포스트모던한 생활에서 대결과 난제를 개발하기에 가장 적합한 장"으로 평가하고 있다. 그럼에도 불구하고 서사학자들은 게임의 '상호작용적 컴퓨터의 경험(interactive computer experience)'을 여전히 '아리스토텔레스의 극적 경험(Aristotelian Dramatic Experience)'을 토대로 설명하고자 하고

있다.

서사학의 선두주자인 브랜다 로렐(Brenda Laurel)은 『극장으로서의 컴퓨터 Computer as Theater』라는 저서의 제목을 통해서 극명하게 시사한 바와 같이, 소설의 연장선상으로서의 영화, 영화의 연장선상으로서의 게임이라는 일련의 진화론적 시각으로 게임을 바라보고 있다.

『홀로덱에 선 햄릿 Hamlet on the Holodeck』을 통해서 게임을 '사이버 드라마(cyber drama)'로 명명한 자넷 머레이(Janet Muray)도 '스토리가 먼저냐, 게임이 먼저냐'라는 화두에 대해 스토리의 우위성을 역설하면서 아리스토텔레스적 드라마의 개념을 고수한다. 자넷 머레이에게 있어서 컴퓨터란 결코 책의 적이 아닌, 인쇄 문화의 산물이며 스토리텔링의 새로운 매체일 뿐이다. 1990년대 게임계를 주름잡았던 「테트리스 Tetris」(1985)도 자넷 머레이에게는 단지 불규칙한 모양의 사물들이 스크린 아래로 떨어지는 물리적 현상으로 보이지 않았다. 자넷 머레이는 테트리스의 조각맞춤에서 과중한 업무와 꽉 짜여진 스케줄에 시달리면서 가능한 한 빨리 일을 해치우려 노력하는 1990년대 미국인의 삶의 모습을 읽어냈다. 이처럼 서사학자들은 영화를 보고 책을 읽는 것과 동일한 경험을 게임을 통해서도 얻게 되기를 꿈꾼다.

이처럼 서사를 불변의 의미로 받아들이는 '정통서사학파(the traditionalist school)'에게 있어서 게임이란 기존 서사물의 문법에 '상호작용성(interactivity)'이 새롭게 더해지면서 탄생한 비선형적인 서사물이다. 때문에 게임의 서사에서 가장 중심을 이루는 요소는 상호작용성이라고 판단한다. 게임을 영화의 연장선상에서 이해하는 레브 마노비치(Lev Manovich)는 게임의 상호작용성을 심지어 '뉴미디어를 위한 성배'라고까지 표현한다.

이 밖에 마이클 마티스(Michel Mateas), 켄 펄린(Ken Perlin) 등 '신 아리스토텔레스주의자'를 자처하는 일군의 서사학자들도 게임을 소설과 영화라는 서사에서 파생된 하위장르로 이해한다. 자넷 머레이의 전제를 그대로 받아들인 마이클 마티스는 게임의 서사가 강력하면 강력할수록, 플레이어가 컴퓨터로 어떤 행동을 취한 후 그 자신이 내린 결정과 선택의 결과를 직접 눈으로 확인할 수 있는 에이전시(Agency) 또한 강화된다고 본다.

켄 펄린(Ken Perlin)도 게임 텍스트와 플레이어 간의 상호작용성을 중시한다. 『해리포터 *Harry Potter*』의 독자는 책을 덮은 후에도 '해리포터가 어딘가 무지개 저편에 존재하고 있겠지'라고 상상할 수 있지만, 「툼 레이더 Tomb Raider」(Eidos, 1996)의 플레이어는 자신이 플레이스테이션2의 전원을 끄는 순간 '라라 크로포드(Lara Croft)는 더 이상 없다'라고 인식한다. 즉, 소설을 읽거나 영화를 볼 때 독자나 관객은 자신의 현재 시공간과는 구별되는 2차 세계를 상정하고 그 세계 내의 '누군가(3인칭)'의 이야기를 소비하게 된다. 반면에 플레이어는 게임을 플레이하면서 오로지 '나(1인칭)'의 움직임에 따라서 이야기가 전개되어 가는 것을 경험하게 된다. 상호작용성을 통해서 관객은 없고 주인공만 가득해진 서사가 가능해진 것이다.

게임에 있어서 핵심을 이루는 요소가 서사라는 점에서는 정통시시학자들과 인식을 함께 하면서도, 기존 서사학의 잣대로는 게임을 해석할 수 없다고 보는 학자들이 바로 '확장서사학자들(the expansionist school)'이다. 이들에게 있어서 서사란 고정된 것이 아니라 시대나 문화에 따라서 얼마든지 변용 가능한 것이다. 때문에 소설이나 영화가 서사물이라는 필요조건은 받아들이지만, 역으로 서사물이라면 소설과 영화의 문법을 따라야 한다는 충분조건의 도식은 거부한다. 조지 랜도우(George Landow)는 디지털 시대의 서사는 시대의 문법에 맞게끔 재구성되어야 한다면서 '고정된 시퀀스, 명확한 시작과 끝'과 같은 것이 기존 서사물의 필요조건이었다면, 게임과 같은 디지털 서사물에서는 이 모든 조건이 깨질 수도 있음을 강조한다.

파멜라 제닝(Pamela Jennings)은 아리스토텔레스식의 서사 모델로는 컴퓨터에 기반한 게임을 설명할 수 없다고 본다. 아리스토텔레스의 플롯(plot)은 선형적이기 때문에 태생적으로 비선형적인 게임의 서사와는 애초에 맞지 않는다는 것이다. 「그래마트론 Grammatron」이라는 하이퍼픽션으로 유명한 마크 아메리카(Mark America)도 게임의 비선형적 서사를 기존의 선형적 서사의 기준에 따라서 보는 것을 거부한다. 기존의 기준에 따르자면 게임의 서사는 '시작도 끝도 없는 서사'겠지만, 그보다는 그것을 사이버스페이스라는 공간을 돌아다니는 '유목민적 서사(Nomadic Narrative)'로 읽어내야 한다고 보는 것이다.

　이와 같은 그들의 주장은 곧 아방가르드적 작품의 세계로 이어진다. 실험정신이 강한 확장서사학자들에게 있어서 게임이란 기존의 서사체계를 부정한다는 점에서 매력적이며 독립적인 예술장르이다. 1,100개 이상의 텍스트와 200개가 넘는 링크로 구성된 마크 아메리카의「그래마트론」이, 재미있는 이야기를 찾는 대중보다 데리다에 열광하는 학자들에게 각광받은 이유가 바로 여기에 있다.

서사 진화론의 오류

　장르나 개개의 작품에 따라서 정도의 차이는 있으나 모든 게임은 분명히 스토리를 내재하고 있다. 과연 전통서사학자들의 주장처럼 게임은 소설과 영화의 뒤를 잇는 차세대 서사학의 선두주자로 나설 것인가? 게임의 등장으로 종이책은 사라지게 될 것인가? 그러나 전통서사학자들의 전제를 받아들여 게임을 기존 서사물의 연장선상에서 진화론적으로 이해하고자 할 경우 다음과 같은 치명적인 문제점이 발생한다.

　첫째, 전통서사학자들의 이론은 '하이퍼픽션(hyper fiction)'이나 '넷필름(Net film)' 등이 고전(苦戰)을 면치 못하는 이유를 설명하지 못한다. 다시 말해, 서사학자들의 공식에 따르자면 기존 서사물의 법칙을 그대로 답습하는 가운데 상호작용성이 덧붙여지면서 나타난 이러한 장르들은 기존의 소설이나 영화

보다 성행해야 옳다. 1987년에 2,800개 이상의 연결부위를 지닌 마이클 조이스(Michael Joyce)의 하이퍼픽션인 「오후, 이야기 *Afternoon, a Story*」(Eastgate Systems Inc, 1999)가 최초로 등장했을 때만 해도 서사학자들은 하이퍼픽션과 넷필름의 핑크빛 미래를 점쳤었다.

그러나 발견의 흥분이 가라앉고 나자, 실제로 하이퍼픽션이나 넷필름은 실험실 밖에서는 환영받지 못했다. 삶의 영역에서 책의 비중이 다소 줄어들기는 했지만 여전히 사람들은 하이퍼픽션 대신에 책장을 넘기는 귀찮음을 감수하면서까지 선형적인 소설을 선호하고, 3,000원짜리 전자책(e-book)은 비싸다면서 구입하길 거부하면서도 30,000원짜리 양장본은 소장용으로 구입하는 것이다. 또한 비록 군소 극장들이 사라지기는 했으나 관객들은 안방에서 컴퓨터로 편하게 볼 수 있는 넷필름 대신에 여전히 왁자지껄하고 팝콘 냄새가 진동을 하는 멀티플렉스 극장을 선호한다.

둘째, 전통서사학자들은 소설이나 영화를 통해서 이미 그 스토리를 검증받은 작품들이 게임화되거나 혹은 그 반대의 경우에 성공하지 못하는 예들을 설명하지 못한다. 가령 톨킨(J.R.R. Tolkien)의 판타지 소설 『반지의 제왕 *The Lord of the Ring*』은 총 3편의 연작 영화로 제작되어 꾸준한 인기를 누렸지만, 영화의 구조를 그대로 답습한 세 편의 게임은 플레이어들로부터 각각 다양한 평가를 받아야 했다. PS2용 게임은 영화 「반지의 제왕」과 마찬가지로 「두 개의 탑」(EA, 2002), 「왕의 귀환」(EA,

2003), 「반지원정대」(Surreal Software, 2002)로 나뉘어 발매됐다. 영화의 경우 3편이 연작으로 평가를 받았던 것과 달리, 게임은 각각 독립된 작품으로 각기 다른 평가를 받았다. 「반지의 제왕」이나 「해리포터」처럼 인쇄물로 이미 큰 호응을 얻었던 스토리가 영화화될 경우의 성공률은 대략 비례관계를 나타내지만 게임화될 경우의 결과란 꼭 그렇다고 할 수 없다. 또한 소설을 선택한 독자의 경우 『반지의 제왕』 1편을 읽지 않고는 결코 2편, 3편을 흥미롭게 읽을 수 없으며, 영화를 선택한 관객이 「반지의 제왕」 1편을 보지 않고는 2편, 3편의 내용을 제한적으로 이해할 수밖에 없는 것과 달리, 게임을 선택한 플레이어는 먼저 출시된 「두 개의 탑」을 플레이하지 않고서도 얼마든지 「반지원정대」를 플레이하면서 게임에 몰입할 수 있다.

1987년 12월에 처음 발매된 이래 총 3,000만 장 이상의 누적판매량을 기록한 RPG 「파이널 판타지 *Final Fantasy*」(스퀘어, 1987~2005) 시리즈가 영화화되었을 때, 그것이 게임만큼 호응을 얻지 못한 이유도 전통서사학자들은 설명하지 못한다. 영화와 게임의 서사가 동일하다면, 이야기성이 강한 롤플레잉 게임인 「파이널 판타지」가 영화화되었으니 그것은 게임과 비

OSMU(One Source Multi Use)의 전형을 보여주는 게임 「반지의 제왕」.

등한 성공을 거뒀어야 옳다. 그러나 여러 편의 게임 스토리를 조합해 3D로 상영되었음에도 불구하고 영화 「파이널 판타지」는 고배를 마셔야 했다. 이에 반해 게임 「파이널 판타지」의 경우는 영화와 달리 10편이 넘는 연작으로 만들어졌는데도 성공을 거뒀다. 제아무리 영화계의 거장 조지 루카스(George Lucas)라고 해도, 1977년 작 「스타워즈 Star Wars」를 22년이 지난 1999년에야 연작 형태로 살려낸다는 것은 결코 쉽지 않았을 것이다. 1977년 「스타워즈 에피소드 4: 새로운 희망」에서부터 2005년 「스타워즈 에피소드 3: 시스의 복수」에 이르기까지, 장장 28년에 걸쳐 4-5-6-1-2-3의 에피소드 순서로 이어져 온 「스타워즈」 시리즈의 성공은 영화로서는 분명 이례적인 사례이다.

그러나 게임에서는 이와 같은 속편의 출시와 연이은 성공 사례가 허다하다. 흔히 속편은 성공하기 힘들다는 영화계의 속설과 달리, 게임은 넘버링이 많아지면 많아질수록 강력해진다. 「스타크래프트」 이전에 국내에서 최고의 인기를 구가하던 전략 시뮬레이션 게임인 코에이(Koei)의 「삼국지」 시리즈는 이미 10편을 넘었으며, 대전 액션 게임의 대명사인 남코(Namco)의 「철권」 시리즈도 2005년 기준 5편에 이르고 있다. 10편이 넘는 시리즈들이 쏟아진 「파이널 판타지」의 세계 또한 앞으로도 계속 이어질 전망이다.

이처럼 게임의 서사를 기존 서사물인 소설이나 영화의 연장선상에서 정의하고 평가할 경우, 게임은 게임대로 영화는 영화대로 각각 다른 길로 나아가는 오류를 범하게 된다. 물론 소설과 영화, 게임이 상관관계를 갖는 것은 분명하다. 그러나 주지한 바와 같이 게임과 기존의 서사물이 합체되어서 서사가 진화론적 일방향으로 나아갈 것이라는 서사학자들의 예견은 이미 보기 좋게 빗나갔다. 소설은 소설대로, 영화는 영화대로, 게임은 게임대로의 독자적 서사학을 정비하고 키워나가야만 이 세 장르가 모두 살아남을 수 있는 것이다.

게임학의 허와 실

서사학 중심의 게임 분석에 반기를 들고, "게임은 게임이다"라는 모토 아래 게임을 독자적인 학문의 대상으로 취급하고자 하는 움직임이 '게임학(Ludology)'이다. 에스펜 아세스(Espen Aarseth), 곤잘로 프란스카(Gonzalo, Fransca), 제스퍼 줄(Jesper Juul)로 대표되는 게임학파에 따르면, 기존의 서사학의 잣대로 게임을 분석할 경우 '재현(representation)'에 초점을 맞추기 때문에 정작 게임에서 중요한 '시뮬레이션(simulation)'의 성격을 간과하게 된다고 한다. 즉, 게임을 서사의 잣대로 플롯, 인물, 배경 별로 분석할 경우, 천편일률적인 결론밖에 도출할 수 없는 것이 당연하다는 점을 지적하는 것이다.

게임학에서는 아리스토텔레스 대신에 요한 호이징하(Johan Huizinga)와 로제 카이와(Roger Caillois)의 '놀이(play, les jeux)'에 대한 개념에서부터 논의를 시작한다. 요한 호이징하는 놀이를 '일상적인 삶의 외부에 위치한 자유로운 활동'이라고 규정한다. 놀이는 비생산적이지만 고정된 규칙(rule)과 질서정연한 틀에 따라서 한정된 시공간 안에서 전개된다. 때문에 놀이의 순간에 플레이어는 완전히 몰입하게 된다. 요한 호이징하의 전제를 받아들여 로제 카이와도 "놀이는 자발적이어야 하고, 이상의 시공간으로부터 분리되어 있어야 한다"고 규정한다. 놀이는 비생산적이고 규칙(rules)에 의해서 지배되는 것이다.

크리스 크로포드(Chris Crawford)는 다양한 놀이의 공통요소로 재현, 상호작용(interaction), 경쟁(conflict), 안전성(safety) 등을 꼽고 있으며, 케이티 살렌과 에릭 짐머만(Katie Salen & Eric Zimmerman)도 게임이란 규칙에 의해 정해진 인공적인 경쟁에서 플레이어가 활동할 수 있는 시스템이라고 정의내리고 있다. 대표적인 게임학자 제스퍼 줄은 게임에 대해 21세기 이전에 내려진 위와 같은 정의들을 수합, 게임을 이루는 요소로 규칙(rule), 다양하고 예측 가능한 결과(variable, quantifiable outcome), 플레이어의 노력(player's effort), 융통성 있는 결론(negotiable consequences) 등을 제시하고 있다.

이와 같이 1950년의 요한 호이징하에서부터 2005년의 제스퍼 줄에 이르기까지, 학자들은 저마다 자신의 논거를 토대로 하여 게임을 정의해 왔는데, 그 정의들을 바탕으로 게임을 형성하는 공통분모를 네 가지 정도로 추려보면 다음과 같다.

첫 번째, '규칙(rule)'이다. 규칙은 게임세계의 안과 밖을 구분하는 중요한 경계선 역할을 한다. 게임 안에서 규칙은 논리적이며 확고하다. 다른 매체보다도 유독 컴퓨터가 게임과 완벽하게 결합할 수 있었던 이유가 바로 여기에 있다. 컴퓨터는 늘 정확한 수치를 자랑한다. 승자와 패자를 가를 수 있는 규칙, 즉 'X를 얻기 위해서는 Y를 행해야만 한다'라는 규칙이 컴퓨터 안에서는 늘 에누리 없이 적용된다. 컴퓨터를 통해서 게임의 모든 규칙이 수치화됨으로써 다른 어떤 매체에서보다도 완벽한 게임세계의 구축이 가능해진 것이다.

두 번째, '결과(outcome)'다. 게임의 결과란 규칙에 의거하여 예측이 가능해야 하는 동시에 다양해야 한다. 게임의 결과는 크게 '이긴다'와 '진다'로 나뉜다. 플레이어는 '이기면 기쁘고 지면 슬프다'라는 양분된 결과를 기대하고 게임에 임한다.

세 번째, '경쟁(conflict)'이다. 지기 위해서 게임을 플레이하는 사람은 없다. 따라서 엄밀한 의미에서 게임은 단독으로 플레이하는 것이 아니라 할 수 있다. 경쟁의 상대는 기계일 수도 있고 사람일 수도 있으며, 적은 바로 옆자리의 동료일 수도 있고 익명의 다수일 수도 있다. 게임에서 플레이어는 늘 누군가와 경쟁해서 승리하기를 꿈꾼다.

네 번째, 이 모든 행위는 전적으로 '자발성(voluntary)'에 근거하여 이뤄진다. 게임은 생산적인 노동과 구분된다. 간혹 게임을 통해서 수익을 얻는 플레이어가 있지만, 이는 본래 존재하던 재화의 위치만을 바꾸는 것이지 궁극적으로 물질적 재화를 생산해내는 행위는 아니다. 노동은 강요된 것이지만 놀이는 자발적인 것이다. 원하지 않는다면 언제라도 컴퓨터 전원을 끄고 게임을 중단하면 그만이다.

게임학의 측면에서 정리한 게임의 특성에 따르면 게임은 서사라기보다는 시뮬레이션에 가깝다. 시뮬레이션에서 가장 중요한 것은 아리스토텔레스적인 '플롯(plot)'이 아니라 놀이의 '규칙(rule)'이며, '인물(character)'을 재현하는 것(representing)이 아니라 규칙에 따른 행동의 법칙을 통합하여 모델화하는 것(modeling)이라는 것이 게임학자의 설명이다. 서사가 재현 양식이기 때문에 독자나 관객으로부터 감정의 자극을 유발한다면, 게임은 시뮬레이션이기 때문에 플레이어로부터 행동을 유발한다. 소설이나 영화가 사건들의 시퀀스로 이어진다면, 게임은 행동의 법칙들로 엮어진다. 때문에 게임학자들은 '서사물의 작가(narrauthor)'와 '시뮬레이션의 작가(simauthor)'를 구분해야만 한다고 주장한다.

이처럼 게임학은 기존의 잣대를 변형시켜 게임이라는 새로운 매체를 분석, 평가한 뒤 게임을 서사의 하위장르로 편입시키고자 했던 안일한 서사학에 일침을 가한다. 게임학의 지적은 분명 유효하다. 『반지의 제왕』의 영화판이나 게임판을 문자 텍스트로 풀어낸다면 그것은 원본 소설과 동일한 플롯과 인물, 사건으로 독해될 수밖에 없다. 그러나 플레이어의 경험치는 기존 독자나 관객의 경험치와 판이하게 다르다. 플레이어는 이미 소설과 영화에서 재현된 「반지의 제왕」의 서술적 설명을 반복적으로 보기 위해서 게임을 플레이하는 것이 아니라, 일련의 퍼즐을 풀어나가면서 상황과 갈등을 스스로 진행시키고 싶어 한다. 영화와 동일한 경험치로 설명이 가능한 부분은 30시간이 넘는 플레이 시간 중에서 오프닝 동영상(opening-scene)과 중간에 삽입되는 컷씬(cut-scene) 몇 분 분량이 전부이다.

그러나 게임에서 서사를 아예 배제해 버리거나 중요하지 않다고 치부하는 게임학의 논리에도 허점이 있다. 우리 시대의 게임에서 점차 강화되는 것은 과연 게임성인가 혹은 스토리성인가? 게임에서 스토리가 점차 약화되고 있는가? 이러한 질문들에 대한 정답은 그 반대편에서 찾을 수 있다. 게임학자는 최초의 비디오 게임이나 컴퓨터 게임이라 할 만한「퐁」시리즈나「팩맨」(Namko, 1980)을 예로 들면서 태초에 게임에는 스토리가 부재했으므로 게임을 시스템으로 이해해야 마땅하다고 주장한다. 물론「퐁」이나「팩맨」,「테트리스」와 같은 초기 게임에서 서사를 찾아내는 것은 무리이다.

그러나 기술적인 한계가 극복되고 게임이 발전해감에 따라

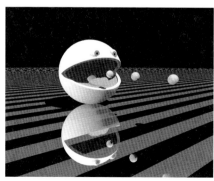

게임 초창기인 1980년대 대표작 남코의 「팩맨」.

서 강화되는 것은 비단 시스템만이 아니라는 점을 잊어서는 안 된다. 게임의 백미라 할 수 있는 액션 게임마저도 더 이상 "조이스틱을 연속적으로 눌러서 상대 플레이어를 쓰러뜨린다."라는 식의 단순명제로만 구성되지 않는다. '스타일리쉬 액션 게임'을 표방하는 「데빌 메이 크라이3」(Capcom, 2005)의 경우, 기존 액션 게임의 시스템을 그대로 답습하는 가운데 "악마지만 인간을 위해서 마계를 봉인한 스파다에게는 두 아들이 있었으니, 단테는 아버지의 뜻에 따라서 마계로부터 인간을 지키려 하는 반면, 쌍둥이인 버질은 마계를 부활시키려고 한다."는 카인과 아벨 류의 스토리를 덧붙이면서 기존 액션 게임의 벽을 뛰어넘었다.

캐릭터를 정하고 그 캐릭터의 역할을 수행하는 과정을 통해서 게임을 즐기는 RPG는 다른 장르의 게임에 비해서 스토리가 강력한 편이다. RPG가 컴퓨터상에 첫 선을 보인 것은 리차드 게리엇(Richard Garriot)의 「울티마 Ultima」(Electronic Arts, 1979)를 통해서이다. 사랑과 진실, 용기라는 3가지 가치를 바탕으로 세워진 여덟 개의 도시가 사라지자 플레이어가 아바타라는 캐릭터로 분해서 사라진 덕목을 찾는다는 울티마 시리즈는 여전히 계속되고 있다. 9편인 '승천(ascension)'편에서는 이전 시리즈에서 등장했던 인공지능인 NPC(Non Playing Character)들이 대거 등장, 그간 축적된 「울티마」 시리즈의 스토리를 집대성해 마니아들에게 찬사를 받기도 했다. 이후 「울티마」는 온라인 롤플레잉 게임(MMORPG) 형태인 「울티마 온라인 Ultima Online」(Electronic Arts, 2002)으로 진화, 새로운 울티마 제국을 건설했다.

「울티마」가 서구형 롤플레잉 게임을 대변한다면, 일본형 롤플레잉 게임에는 「파이널 판타지」가 있다. 1987년 첫 선을 보인 「파이널 판타지」역시 10편 이상 이어지는 가운데 주인 공인 티더의 모험은 계속 진행되고 있다. 「파이널 판타지」처럼 강력한 스토리를 자랑하는 RPG가 10편 이상 장수하는 점을 '게임에서 서사는 부차적이다'라는 주장으로는 설명하지 못한다. 동시에 초기 게임에서는 두드러지지 않았던 스토리가 RPG는 물론 스토리를 중시하지 않는 액션 게임에서까지 점점 강화되는 추세도 설명하지 못한다는 한계를 안고 있다.

새로운 은하계, 게임의 서사학

이처럼 게임의 현상과 학계의 이론이 엇나가자, 강경 노선을 유지해온 서사학의 대표학자 자넷 머레이와 게임학의 대표학자 곤잘로 프란스카는 최근 들어 각각 강경노선을 선회하는 글을 발표했다. 실제로 서사학의 선두주자인 자넷 머레이가 『홀로덱에 선 햄릿』을 쓴 1997년 이후 게임의 세계에서는 많은 변화가 일어났다. 「울티마 온라인」이 최초의 MMORPG라는 형태로 등장했으며 게임계의 돈키호테라 할 만한 「심즈 Sims」(EA, 2000)가 등장했다. 「울티마」나 「심즈」는 모두 소설이나 영화의 서사이론만으로는 설명할 수 없는 작품들이다.

자넷 머레이는 2004년에 발표한 논문에서 「심즈」를 예로 들어서 게임의 시뮬레이션적 측면에도 주의를 기울였다.

게임학의 선두주자 곤잘로 프란스카도 1990년대 후반부터 지속해온 게임학의 노선에서 선회, 자신과 제스퍼 줄 등의 게임학자들이 주축이 되어 만든 온라인 게임 전문 학술지『게임 스터디즈 *Game Studies*』를 통해서 이례적으로 "게임에서 서사의 중요성을 밝히고자 한다."라며 최근의 게임에서 스토리가 강화되고 있음을 인정했다.

서사학에 기반을 두면서도 소설과 영화의 이론을 그대로 빌어 그것을 게임에 입히려 하는 보수적 서사학을 비판하는 마리 로르 라이언(Marie Laure Ryan)이나 스스로 '중간자적 입장(middle-ground position)'을 취하겠다고 선언한 헨리 젠킨스(Henry Jenkins) 등의 등장으로 이제 서사학과 게임학은 충돌이 아닌 변증법적 화합의 장을 마련할 계기를 만들 수 있게 됐다.

마리 로르 라이언은 "서사란 소설이나 영화에서만 발생하는 요소가 아니다."라면서 서사를 협의가 아닌 광의의 개념으로 확대시키는 한편, 매체에 따라서 서사의 유형은 각기 다를 수밖에 없다고 본다. 게임은 서사에서 플레이어의 행동을 유발할 수 있어야 하므로 근본적으로 '문제풀기(problem-solving)'의 유형을 취한다고 분석하면서, 게임의 서사를 '다변수적 서사(multivariant narrative)'라고 정의한다. 헨리 젠킨스도 "이야기의 본질은 변하지 않지만 그 재현 방식에는 차이가 있다."면서 같은 소재라도 그것이 소설화될 경우와 영화화될 경우,

그리고 게임화될 경우 각각 전혀 다른 방식의 서사로 거듭날 수밖에 없음을 지적하고 있다.

서사학과 게임학 양측 모두 분명 무게중심은 다르지만, 게임을 새로운 서사양식으로 받아들이고 새로운 분석의 틀로 분석되어야 한다고 본다는 점에는 이견이 없다. 그럼에도 불구하고 꼬리에 꼬리를 무는 논쟁만 이어지고 있을 뿐, 정작 유의미한 새로운 분석의 틀을 제시하지는 못하는 점이 현 단계의 한계로 지적된다.

영화의 경우, 처음 서사학의 궤도에 진입하고자 할 때만 해도 기존의 이론가와 비평가들로부터 "무지한 기계의 장난일 뿐"이라는 비난을 받아야만 했다. 그러나 그로부터 불과 40여 년이 지난 지금, 영화는 당당하게 21세기의 핵심적인 서사 장르로 인정받고 있다. 20세기 최고의 이야기 예술 형태였던 소설 장르의 서사를 과학적으로 탐구하고 정리하고자 한 노력도 1969년 츠베탕 토도로프(Tzvetan Todorov)를 통해서야 이뤄졌다.

디지털의 패러다임이 지배하는 21세기에는 게임이 서사학으로의 진입을 꾀하고 있지만 그 장벽은 높기만 하다. 노르베르트 볼츠(Norbert Bolt)는 "구텐베르크 은하계의 교양 전략들은 이미 소진되었다."면서 "뉴미디어 세계의 아이들이 더 이상 책에 몰두하지 않는 이유는 바로 영상 때문"이라고 지적한다. 물론 게임은 기존의 서사물과 겹치기도 하지만, 한편으로는 기존의 서사물과 결코 같을 수도 없다. 게임은 종이책의 죽

10편이 넘는 시리즈물로 이어지고
있는 스퀘어의 PS2용 롤플레잉게임
「파이널 판타지」중 주인공 티더.

음을 담보로 등장한 것도 아니요, 문자 이전의 구비시대로 돌아가기 위한 것도 아니기 때문이다. 웹 뮤지엄을 오픈한다고 해서 실제 루브르의 입장객 수가 줄어들 리 없으며, 웹에서의 개인 미디어가 다채롭게 개발된다고 해서 곧바로 TV같은 매스 미디어가 사라지는 것도 아닌 것이다.

피에르 레비(Pierre Levy)의 지적대로, 디지털 기술의 발달과 그에 따른 문화의 디지털화 현상은 오랫동안 진행되어 온 인류의 인간화 과정(hominization)의 최근 단계이다. 그리고 그 중앙에 게임의 서사가 있다. 새롭게 발견된 게임 은하계의 메커니즘은 극도로 복잡다단하다. 다양한 층위의 스토리와 상호작용성으로 짜여진 게임의 세계에서, 비로소 플레이어는 총체적인 경험(total experience)을 할 수 있게 됐다.

게임 서사의 층위

오프닝 동영상의 기반적 스토리(back story)

구술 시대에서 필사 시대와 인쇄시대를 넘어서서 디지털 시대에 이르기까지, 인간이 존재한 이래 이야기는 끊임없이 계속되어 왔다. 이와 더불어 아리스토텔레스 이후 '이야기란 무엇인가'를 밝히고 정리하려는 노력 또한 계속 이어졌다. 서사란 너무도 깊이 우리의 정신적, 육체적 과정에 뿌리박고 있어서 인간은 분명 서사 없이는 재미있게 살 수 없다.

이야기를 생산하고 소비하고자 하는 인간의 욕망은 끊임없이 계속되고 있지만, 그 이야기를 담아내는 틀과 유형은 시대와 문화에 따라서 달라지기 마련이다. 이렇듯 틀과 유형이 달라지며 발생하는 또 다른 문제가 바로 새로운 수용과 해석의 문제이다. 우리 시대의 게임은 분명 새로운 서사 양식이므로 새로운 서사의 틀 안에서 이야기되어야 한다.

게임의 서사는 발단-전개-위가-절정-결말의 시작과 끝이 있는 선형적인 서사만으로 구성되는 것도 아니요, 그렇다고 해서 오로지 비선형적 서사만으로 구성되는 것도 아니다. 기존의 소설이나 영화의 서사가 2차원적 평면의 서사라면, 게임의 서사는 3차원적 공간의 서사라 할 만하다. 3차원적 공간은 2차원적 평면에 높이가 더해지면서 발생한다. 게임도 이와 마찬가지로 기존의 선형적 서사를 토대로 상호작용성이라는 높이가 더해지면서 발생한 서사이다. 이처럼 게임의 서사는 복잡다단하기 때문에 서사의 층위를 구분할 필요가 있다.

게임의 서사는 크게 3개의 층위로 나눠진다. 첫째, 게임에서 처음에 속하는 3분 내지 5분 분량의 오프닝 동영상과 중간에 삽입되는 컷씬으로 구성된 '기반적 스토리(back story)'가 있다. 기반적 스토리는 기존의 영화나 애니메이션과 동일한 방식으로 구성된다. 기반적 스토리를 통해서 플레이어는 게임의 인물과 공간 및 시간의 배경을 숙지하고 인물의 갈등을 이해하게 된다. 기반적 스토리가 진행되는 상황에서 플레이어가 능동적으로 할 수 있는 일은 없고, 플레이어는 다만 완벽하게 만들어진 스토리를 수동적으로 소비할 뿐이다.

기존의 영화나 애니메이션과 달리 기반적 스토리는 전체 게임 서사의 시간상으로 과거에 속한다. 플레이어는 기반적 스토리가 끝난 후 본격적인 게임을 통해서 플레이하게 될 인물의 정보를 모으는 가운데 본 게임에서 자신을 대신하게 될 분신을 고르는 기대감을 갖게 된다.

최근의 게임들은 기반적 스토리에 해당하는 오프닝 동영상 제작에 큰 공을 들이고 있다. 영화 한 편에 들어갈 만한 예산이 고스란히 5분 남짓한 게임의 오프닝 동영상 제작에 투자되는 추세이다. '게임은 게임일 뿐'이라는 일부 게임학자들의 목소리가 무색해지는 부분이다. 2005년 상반기 기준 전 세계적으로 200만 명 이상의 유료 회원을 보유하고 있는 MMORPG 게임인 「월드 오브 워크래프트 *World of Warcraft* (이하 와우)」 (Blizzard, 2005)가 2003년 세계 최대의 게임전시회인 E3(Electronic Entertainment Expo)에서 첫 선을 보였을 당시, 전 세계의 많은 플레이어들이 영화를 능가하는 오프닝 동영상에 찬사를 보낸 바 있다.

와우의 기반적 스토리는 몇 개월에 걸친 단기 프로젝트를 통해서 만들어진 것이 아니다. 와우의 기반적 스토리와 세계관은 장장 10년간 플레이어들에 의해서 다져진 전략 시뮬레이션 게임인 「워크래프트 *Warcraft*」를 주축으로 삼고 있다. 1994년 첫 선을 보인 「워크래프트」는 AD 6년을 배경으로 인간 종족(humans)을 중심으로 하는 연합군과 오크 종족(orcs) 간의 싸움을 중심 갈등으로 설정하고 있다. 이후 8년 만인 2002년, '혼돈의 시대(Reign of chaos)'에서는 인간 종족의 노예가 되었던 오크 종족의 트롤들이 흩어진 종족을 모아서 인간 종족에

미국 블리자드의 대표 전략 시뮬레이션 게임 「워크래프트」의 종족별 이미지.

게 대항한다는 이야기로 이어진다.

그리고 2005년, 「워크래프트」의 스토리는 MMORPG를 통해서 그야말로 '세계(world)'로 거듭나게 된다. 불타는 군단(Burning Legion)의 침공으로 위기에 빠졌던 아제로스 대륙, 얼라이언스와 호드 간의 일시적 담합과 숨어 살던 나이트 엘프의 각성으로 위기를 모면했던 「워크래프트 3」의 스토리로부터 4년 후, 아제로스에서 또다시 재앙이 일고 있다는 것이 와우의 기반적 스토리에 해당한다. 이처럼 선형적으로 재현되는 기반적 스토리를 통해서 플레이어는 호드와 얼라이언스의 다양한 인물군을 익히고 과거 10년 동안 축적되어 온 기본적인 갈등구조를 이해하면서 게임의 세계에 뛰어들 준비를 한다.

와우의 기반적 스토리가 지난 10년간의 갈등이라는 과거의 정보를 제공한다면, 한국의 PS2용 콘솔 게임 「마그나카르타:

진홍의 성혼」의 기반적 스토리는 미래의 정보를 제공한다. 「마그나카르타: 진홍의 성혼」은 PC게임 「창세기」 시리즈로 유명한 소프트맥스에서 제작한 PC용 게임 「마그나카르타」를 PS2용 콘솔 게임으로 변형한 것이다. 칼린츠를 중심으로 얽힌 이야기의 실타래를 풀어나간다는 RPG의 스토리는 PC용과 PS2용이 비슷하지만, 실제로 캐릭터의 유형이 전부 변했기 때문에 플레이어가 경험하는 이야기 역시 PC용과 PS2용이 전혀 다르다고 해도 과언이 아니다.

여덟 영웅들이 '빛의 나무'를 봉인한 지 수십 년, 인간과 야손이 수십 년간 전쟁을 벌이는 가운데, 인간들의 연합군은 대마법진이라는 작전으로 회심의 일격을 가할 준비를 마친다. 그러나 번번이 야손의 여왕인 아밀라에 의해서 좌절하게 된다. '마그나카르타'란 플레이어는 오프닝 동영상의 기반적 스토리를 통해서 자신이 인간의 정예집단인 혈루의 대장인 칼린츠로 분하게 될 것이라는 정보를 얻게 된다. 이어서 칼린츠와 사랑에 빠지는 미지의 여인 리스에 대한 대략적인 정보를 얻게 된다.

플레이어는 약 60시간이 넘는 플레이 시간 끝에 칼린츠와 사랑에 빠진 여인이 바로 적군의 여왕 아밀라와 동일 인물이었으며, 리스가 잠시 기억 상실증을 겪게 되면서 칼린츠와 만나 이루지 못할 애절한 사랑을 나누게 된다는 고전적인 러브스토리를 경험하게 된다. 이 게임의 오프닝 동영상에서는 주로 밝고 순수한 자아의 단면인 리스와 어둡고 호전적인 자아의 단면인 아밀라 여왕의 이미지가 중층적으로 제시되는데, 이를 통해서 플레이어는 게임에 앞서 리스와 아밀라 여왕 사이에 연결고리가 감추어져 있다는 정보를 제공받게 된다. 한편 플레이 중간 중간에 제시되는 흑백의 컷씬에서는 플레이어의 분신인 칼린츠의 암울한 과거에 대한 정보를 제공받는다. 혈루의 대장이 되기까지 칼린츠의 비하인드 스토리를 이해함으로써, 플레이어는 칼을 휘두르는 칼린츠의 행위에 영웅으로서의 당위성을 부여하고 게임의 서사 속에 보다 쉽게 몰입하게 된다.

영화나 소설을 통해서 이미 잘 알려진 이야기가 게임화될 경우, 기반적 스토리는 단순히 영화와 소설의 캐릭터가 게임에서 어떻게 재현될 것인지에 대한 정보만을 간략하게 제시해 주기도 한다. 이미 600여 년의 긴 세월 동안 아시아 최고의 이야기 소재로 잘 알려지고 활용되어온『삼국지연의』의 경우, 굳이 「와우」나 「마그나카르타」처럼 스토리상의 과거나 미래에 대한 정보를 제공할 필요가 없다.

『삼국지』는 PC용 전략게임으로만 무려 10편 이상 출시되면서 게임계의 스테디셀러이자 스토리의 보고로 군림하고 있다. 콘솔용 액션 게임으로 출시된 「진삼국무쌍」(Koei, 2005) 시리즈도 2005년 6월 기준 4편까지 이어지고 있다. 「진삼국무쌍」 시리즈는 위·촉·오의 42명에 이르는 장수들을 모두 시각적으로 화려하게 재현해냈다는 데 의의가 있다. 플레이어는 기반적 스토리를 통해 장수들 중 한 사람을 택해서 직접 그의 액션을 행할 수 있다는 기대감을 가지고 책에서 방금 튀어나온 듯한 매력적인 캐릭터들을 즐기게 된다. 유비, 관우, 장비는 물론 원하는 장수를 택해서 특유의 무기를 마음대로 휘두르며 전설의 무예를 발휘할 수 있으리라 기대하며 기반적 스토리를 보는 것이다. 이처럼 「진삼국무쌍」의 기반적 스토리에서는 캐릭터들이 어떻게 재현되는지를 소개하는 데 중점을 두고 있다.

플레이어에게 게임의 캐릭터와 스토리에 대해서 축약된 정보를 제공하는 기반적 스토리는 기존의 영화나 애니메이션의 선형적 구조를 충실히 따르고 있다. 오프닝 동영상을 보면서 플레이어들이 '영화 같다'라고 감탄하는 이유는 기반적 스토리의 구조가 기존의 영화와 동일하기 때문이다. 그러나 게임의 서사가 가지는 의의는 그러한 기반적 스토리가 전부는 아니라는 데 있다. 게임의 서사는 영화의 서사가 끝나는 곳에서 새롭게 시작되기 때문이다.

퀘스트를 통한 이상적 스토리(ideal story)

기반적 스토리가 기존의 영화와 동일한 방식으로 구성되는 것이라면, 두 번째 층위인 '이상적 스토리(ideal story)'는 기존의 선형적 서사 장르에서는 시도되지 않았던, 게임만의 고유한 층위라 할 수 있다. 이상적 스토리는 플레이어가 게임을 플레이하는 순간 발생하는 스토리로서, 기반적 스토리가 끝나는 지점에서 시작된다. 따라서 기반적 스토리처럼 작가가 완결된 스토리를 플레이어에게 일방적으로 전달하는 것이 아니라, 게임 디자이너가 플레이어로 하여금 제한한 영역 내에서 플레이어의 선택과 행동을 통해서 스토리를 전개시키도록 유도하는 방식으로 이뤄진다.

플레이어의 선택과 그에 따른 결과로서의 행동을 수반한다는 점에서 표면적으로 이상적 스토리는 플레이어의 자유도를 높인 비선형적 서사처럼 보인다. 그러나 조합을 통해서 선택할 수 있는 경우의 수만 증가할 뿐 실제적으로 플레이어가 경험하는 스토리는 하나이기 때문에 엄밀히 표현하자면 부분 선형적이라고 할 수 있다.

「와우」는 MMORPG 중에서도 퀘스트(quest)가 강조된 게임으로 유명하다. 일단 플레이어가 게임에 접속하여 주요 마을이나 사냥터를 돌아다니다 보면 느낌표가 표시된 NPC를 만나 이들과 대화를 나누고 자신의 레벨에 맞는 퀘스트를 받게

미국 블리자드의 MMORPG 「월드 오브 워크래프트」의 결투씬.

된다. 퀘스트를 받은 플레이어는 몬스터 사냥, 배달, 새로운 지역 방문 등 부여받은 퀘스트를 해결해 나가고, 그 보상으로 해당 NPC로부터 돈과 무기를 얻음은 물론 레벨 또한 오르게 된다.

「와우」의 경우 퀘스트 간의 연계성이 긴밀하기 때문에 플레이어는 다양한 퀘스트들을 따라가는 과정에서 자연스럽게 게임의 규칙과 서사, 공간 구성을 파악하고 게임의 세계 속으로 빠져들게 된다. 경우에 따라서 퀘스트를 거절할 수도 있지만 초기단계에는 대다수의 플레이어가 게임을 제대로 플레이하기 위해서는 퀘스트를 따라갈 수밖에 없도록 게임이 고안되어 있다. 퀘스트를 풀어나가는 과정은 플레이어마다 각양각색이기 때문에 과정은 지극히 비선형적이라 할 수 있다. 그러나 일단 해당 NPC를 만나야만 퀘스트를 받고 이를 수락할 수 있고, 퀘스트를 전부 수행했을 경우 받을 수 있는 보상이나 추가 퀘스트가 플레이어마다 동일하다는 점에서 이야기의 시작과 끝은 선형적인 서사와 마찬가지로 닫혀있다고 볼 수 있다.

다만 퀘스트를 강조하는 과정에서 게임 디자이너의 의도가 지나치게 두드러지는 경향이 있어서 레벨이 높은 플레이어는 상대적으로 자신의 자유도를 박탈당하고 있다는 답답함을 느낄 수도 있다. 최고 레벨에 이른 플레이어의 경우, 이미 기반적 스토리는 물론 이상적 스토리까지 전부 경험한 상태이다. 때문에 게임의 엔딩을 보게 되면 곧바로 강한 몰입 상태에서 탈출하게 된다. 게임의 플레이 중에 플레이어는 소설이나 영화의 스토리를 소비할 때보다 강력한 몰입상태, 즉 플로우 (flow)라고 불리는 몰입 상태에 빠지게 된다. 플로우 상태에서 플레이어는 오로지 규칙이 지배하는 게임의 세계에 빠져서 게임 밖 현실 속의 자아를 잊게 된다. 게임에서 플레이어는 명확한 목적의식에 따라서 행동하게 되는데, 이때 온 감각을 게임세계의 규칙에 집중하기 때문에 현실세계의 규칙인 시간 감각을 잃게 되기 쉽다. 온라인 게임에 빠진 플레이어들이 게임을 플레이하는 1시간을 10분처럼 느끼고 쉽게 밤을 지새우는 이유가 바로 여기에 있다. 플로우 효과 없이는 게임의 서사도 없다. 플레이어의 플로우 효과를 지속시키기 위해서 게임은 끊임없이 엔딩을 연장해야만 한다. 때문에 온라인 게임에서는 '잘 만들어진 게임'이라는 완제품의 개념보다는 '잘 만들어지고 있는 게임'이라는 서비스의 개념이 더욱 중요하다. 게임이 계속해서 진행형의 상태를 유지해야 하기 때문이다.

PS2용 게임 「마그나카르타: 진홍의 성흔」에서 플레이어는 칼린츠와 리스의 이루어질 수 없는 사랑과 인간과 야손 간의 전쟁이라는, 두 개의 씨실과 날실로 엮어진 이야기 여행을 떠나게 된다. 평상시에 플레이어는 칼린츠로 분해서 공간을 탐색하지만, 야손과의 대결모드에서는 혈루의 대원들 가운데 원하는 캐릭터 3명을 택하여 멀티 플레이할 수 있다.

또한 칼린츠 파티를 리스 파티로 전환할 수 있기 때문에 같은 스토리를 각기 다른 시점으로 전개할 수도 있다. 이때 플레이어마다 택할 수 있는 시점은 다르기 때문에 줄곧 칼린츠 파티에서 스토리를 전개한 후 리스 파티를 선택한 플레이어와 칼린츠 파티와 리스 파티를 번갈아가면서 전환했던 플레이어의 조합 방식이 다를 수 있다. 이렇듯 플레이어의 선택에 따라서 시점의 전환과 장면의 편집이 다양하다는 점에서 이야기가 비선형적으로 진행되는 것처럼 보이지만, 플레이어가 어떤 선택을 하더라도 결국에는 기억 상실증에 걸린 리스와 칼린츠의 엇갈린 사랑의 운명이라는 파국의 결말을 바꾸지는 못하기 때문에 부분선형적이라고 할 수 있다.

기반적 스토리가 5단계의 극적 구성의 방식을 채용한다면, 이상적 스토리는 에피소드식 구성을 취한다. 아무리 흥미진진한 영화를 볼지라도 한 번에 3시간 이상 몰입하지 못하는 관객들이 일단 게임을 플레이하기 시작하면 3시간이 아니라 3일, 30일, 심지어 3년이 지나도 늘 게임의 이야기 속으로 몰입할 수 있는 이유는 무엇일까? 해답은 바로 게임의 에피소드식 구성방식에 있다.

게임의 이상적 스토리는 한편 한편 완결된 에피소드들이 유기적으로 연결된 형식으로 구성되어 있다. 연결된 에피소드들은 전체적으로는 영화와 마찬가지로 선형적인 굴곡을 지니게 된다. 때문에 게임 디자이너가 허용하는 범위 내에서 에피소드의 수는 가감이 가능하며, 작품 전체가 완성되지 않더라도 각각의 에피소드가 완성되어 있기 때문에 플레이어들은 그때그때 스토리에 몰입할 수 있다.

게임 서사학자인 마이클 마티스(Michael Mateas)는 게임 서사의 요건으로 하나의 행동을 유발할 수 있는 '짧은 에피소드 형식(short one-act play)'을 제시한다. 각 편의 에피소드는 15분에서 20분 안에 완결되는 이야기로 극적이고 흥미로운 1인칭적 상호작용성을 내포해야 한다. 20분은 게임에서 감정적으로 최대한 몰두할 수 있는 시간으로, 에피소드 안에는 플레이어가 극복하기 어렵지만 종국에는 극복하게 될 장애물이 설치되어 있다. 그러나 에피소드 한 편을 완성했다 하여 플레이어의 몰입감이 줄어드는 것은 아니다. 이전보다 좀더 강력한 장애물이 설치된 다음 에피소드로 넘어가는 계단식 구성을 취하기 때문이다.

에피소드식 구성방식이 비단 게임에서만 각광받는 것은 아니다. 1990년대에 들어서 한국의 TV에서는 가족 시트콤의 형태가 유행하기 시작했다. 이미 미국에서 1950년대부터 등장한 시트콤의 경우, 한정된 공간과 인물을 토대로 각 회의 스토리들이 완결되는 가운데 유기적으로 이어지는 전형적인 에피소드식 구성방식을 취한다.

시트콤 장르가 아니더라도 이러한 구성방식을 취한 예는 얼마든지 있다. 대표적 예로 미국의 CBS방송국에서 2000년부터 방영중인 과학수사대의 범죄 드라마 「CSI」 시리즈를 들 수 있는데, 이 역시 에피소드식 구성방식을 취하고 있다. 과학수사대의 구성원들이 매일 2편으로 나누어 2개의 다른 사건을 풀어간다는 것이 이 드라마의 기본 구조이다. 라스베가스라는 한정된 공간에서 일어날 수 있는 사건을 풀어가는 이 드라마는 한 시즌 당 총 24개의 에피소드로 구성되어 있다. 각각의 에피소드는 한 회에서 사건이 해결되는 것이 대부분이며 미해결 사건이 후반부의 에피소드에서 해결되거나 에피소드가 거듭될수록 과학수사대의 상황이 변모하기도 한다.

이 드라마는 라스베가스라는 공간을 마이애미, 뉴욕으로만 전환해서 같은 형태의 다른 드라마인 「CSI 라스베가스」 「CSI 마이에미」 「CSI 뉴욕」을 동시다발적으로 진행하고 있다. 역으로 「CSI 라스베가스」에 「CSI 마이에미」 팀이나 「CSI 뉴욕」 팀의 캐릭터들을 원정 보내는, 이른바 하나의 단일 공간에 각기 다른 시즌의 캐릭터들을 집합시키는 합동수사의 형태를 통해서 에피소드 간의 연결을 꾀하기도 한다. 이는 '공간이 달라지면 이야기도 달라지기 마련'이라는 게임 서사의 전제가 유효하게 적용될 수 있는 서사 방식이라 할 만하다.

또 다른 에피소드식 구성의 드라마인 미국의 의학 드라마 「ER」에서는 응급실의 병실마다 삶과 죽음의 경계를 오고가며 고투하는 환자와 의사의 사연이 동시다발적으로 진행된다. 그러면서도 모든 병실이 투명한 문으로 연결되어 있어서 자유자재로 오고갈 수 있는 가운데 개별적으로 여겨지던 에피소드들이 '생과 사'라는 거대한 서사로 유기적으로 연결되는 것을 볼 수 있다.

이처럼 에피소드식 구성에서는 에피소드 각 편이 완결되어 있으면서도 완전히 닫혀져 있지는 않다. 때문에 선형적 서사의 소설이나 영화에서 중시되어 온 인과응보적 이야기의 전개

방식과 인물의 복잡미묘한 심리묘사가 대체적으로 축소되거나 배제된다.

플레이어가 만드는 우발적 스토리(random story)

게임의 서사에는 기반적 스토리와 이상적 스토리 외에 '우발적 스토리(random story)'라는 세 번째 층위가 존재한다. 우발적 스토리는 게임 디자이너의 제한 영역을 넘어서서 발생하는 스토리로 게임의 온라인화가 전제된 상황에서 플레이어 대 플레이어의 차원에서 생성될 수 있는 스토리다.

세계 최대의 게임전시회인 E3의 2005년 빅 이슈 중 하나는 콘솔 게임의 온라인화였다. PC게임에 비해서 작품의 완성도가 높을 수밖에 없는 패키지형 콘솔게임의 온라인화가 실현될 경우, PC용 온라인 게임이 개발 제품의 대부분을 차지하는 국내 업체들이 타격을 받지 않을 수 없다. 온라인 게임 강국을 자처하는 한국임에도 불구하고 콘솔 게임의 소프트웨어를 발매·성공한 경우는 PS2용 RPG 「마그나카르타: 진홍의 성흔」과 XBOX용 액션게임 「킹덤 언더 파이어: 더 크루세이더즈 *Kingdom under Fire-the Crusaders*」(판타그램, 2004)뿐이다. 유일한 두 편의 소프트웨어가 콘솔게임의 본고장인 일본은 물론 북미에서 선전했다는 점에서는 긍정적이긴 하나, PC용 온라인 게임에 비해서 콘솔 게임의 제작 및 연구가 거의 이뤄지지 않았다는 점을 생각하면 미래형 게임을 염두에 두는 연구가 시급한 실정이기도 하다.

「마그나카르타」와 같이 온라인화되지 않은 콘솔용 게임의 경우, 게임의 서사란 기반적 스토리를 바탕으로 플레이어의 선택에 따라서 이상적 스토리가 부분선형적으로 발생하는 것이 전부이다. 그러나 많은 플레이어가 동시에 하나의 게임을 플레이할 수 있는 이른바 'MMO(Massively Multi-player Online)'가 가능해지면서 게임을 공유하는 플레이어들 간의 컴퓨터 매개 커뮤니케이션(Computer Medditated Communication, 이하 CMC)이 가능해졌다. CMC는 일대일, 일대다, 다대다 방식이 모두 가능하다. CMC를 통해서 형성되는 커뮤니티는 퀘스트 달성을 위한 일시적인 목적형 커뮤니티에서부터 충분한 플레이어들이 충분한 인간정서로 충분한 시간동안 의견 교류를 통해서 대인 관계를 형성하면서 나타난 공동체인 길드나 혈맹의 형태에 이르기까지 다양하다.

사람과 사람이 만나서 만들어내는 이야기는 무궁무진하며 예측을 불허한다. 사람 간의 의사소통은 커뮤니티를 만들어내고 커뮤니티는 자체적인 문화를 만들어내기 마련이다. 이와 같이 플레이어들이 한 곳에 집합하게 됨으로써 게임의 제한 영역 안팎에서 동시다발적으로 생성될 수 있는 모든 이야기들이 '우발적 스토리'의 층위에 속한다. 우발적 스토리는 플레이어에 따라서 각자 다양하게 생성되며 제한이 없다는 점에서 분명 비선형적이며 개방적이라 할 만하다.

최초의 MMORPG게임은 「울티마」 시리즈의 계보를 잇는

「울티마 온라인」이다. 1997년 미국에서 서비스를 시작한 「울티마 온라인」은 지금도 계속해서 만들어지고 있는 진행형의 게임이다. 「울티마」의 디자이너인 리처드 개리엇(Richard Garriot)은 "MMORPG 게임 창작에 있어서 가장 중요한 것은 완성된 스토리를 만드는 것이 아니라 다양한 우발적 스토리들이 생성될 수 있는 환경, 즉 세계를 구현하는 작업에서 비롯된다."고 밝힌 바 있다.

리처드 개리엇의 지적대로 MMORPG에서 작가는 더 이상 완벽하게 닫힌 스토리만을 독자에게 하달하는 권위자(author)의 면모만 갖춰서는 안 된다. 게임 디자이너는 기반적 스토리를 통해서 선형적으로 플레이어에게 충분한 정보를 제공한 후, 플레이어가 제한된 영역 안에서 스토리를 선택·조합해서 이상적 스토리로 나아갈 수 있도록 유도해야 한다. 아울러 이상적 스토리의 엔딩을 경험한 플레이어가 엔딩과 동시에 게임을 이탈해버리지 않고 게임 디자이너를 배제한 가운데 그들만의 네버엔딩 스토리를 이어갈 수 있도록 완벽한 세계를 제공해야만 한다.

게임 강국으로서 한국의 이미지는 MMORPG 장르에 집중되어 있다고 해도 과언이 아니다. RPG적 측면보다는 MMO적 측면이 강화된 한국의 온라인 게임 수준은 세계 최강이라 할 만하다. 한국의 MMORPG가 호응을 얻을 수 있었던 가장 큰 이유 중 하나는 바로 초고속인터넷의 보급이라는 기술적인 측면에 있다. MMO가 강화된 게임의 경우, 아무리 게임 디자이너에 의해서 기반적 스토리와 우발적 스토리가 잘 만들어졌을 지라도, 플레이어가 장시간 머물면서 우발적 스토리를 생성하지 않으면 수명이 단축되고 만다.

한국형 MMORPG의 특징을 대변하는 작품으로는 「리니지 *Lineage2*」(엔씨소프트, 1998) 시리즈를 들 수 있다. 「리니지2」의 기반적 스토리는 아덴 왕국이 천하를 통일하기까지의 150년을 배경으로 삼고 있다. 「리니지2」는 기존 리니지의 스토리와 세계관을 그대로 계승하는 가운데 완벽에 가까운 3D 그래픽 구현을 통해서 기반적 스토리와 이상적 스토리를 강화시키고, CMC의 기능을 한층 업그레이드시킴으로써 우발적 스토리를 강화시켰다. 플레이어는 게임의 초기 단계에서는 혼자서 몬스터를 사냥하고 공간을 탐험하면서 캐릭터를 성장시킬 수 있지만, 일정 단계 이상이 되면 혼자서 몬스터를 상대로 플레이하는 것이 불가능하기 때문에 자연스럽게 다른 플레이어들과 일시적으로 파티를 맺거나 보다 지속적이고 조직력 있는 '혈맹'이라는 커뮤니티에 가입하게 된다.

「리니지2」의 강점은 소위 만렙이라고 불리는, 최고 단계에 이른 플레이어들이 게임에서 이탈하지 않고 계속해서 게임에 몰입해서 플레이를 한다는 데에 있다. 기반적 스토리와 이상적 스토리를 이미 다 소비해버린 상태에서 신형 MMORPG들이 대거 등장하는데도 불구하고 그들이 '리니지 월드'를 고수하는 이유는 무엇일까.

그것은 다름 아닌 결코 끝나지 않는 스토리, 우발적 스토리

한국형 MMORPG의 대표작
엔씨소프트의 「리니지」.

때문이다. '리니지 월드'라는 공간은 그 자체로 완벽하게 구현
된 세계이기 때문에 그 안에서 플레이어는 게임의 디자이너가
유도하는 게임적 스토리의 층위, 즉 기반적 스토리와 이상적
스토리를 넘어서서 인간으로서 경험할 수 있는 다양한 희·노·
애·락과 관·혼·상·제를 단시간 내에 경험하게 된다. 플레이어
가 경험하게 되는 '리니지 월드'는 마치 요한 호이징하가 『중
세의 가을』에서 지적하듯 '세계가 지금보다 5세기가량 더 젊
었을 때'와 흡사하다. '리니지 월드'에서 일어나는 많은 일들
은 현실에서보다 현저하게 확연한 윤곽을 띠고 있다. 모든 경
험은 기쁨과 고통이 어린 아이의 정신 속에서 갖는 것 같은
그런 즉각적이고도 절대적인 강도를 띤다. 매 행동과 매 사건
들은 언제나 일정한 의미를 갖는 형식을 갖추고 있으며 여행,
직무, 방문 같이 현실 공간에서는 대단치 않은 사건들조차 의
례와 서식 같은 형식을 동반하기 마련이다.

　이때의 경험은 플레이어 대 컴퓨터를 통해서 이뤄지는 것이 아니라 플레이어 대 플레이어, 즉 인간 대 인간의 경험을 통해서 이뤄지는 것이기 때문에 실재감이 상당히 높다. 혹자의 경우 '리니지 월드'와 현실 공간을 구분하지 못하거나 아예 현실 공간을 포기하고 '리니지 월드'에서만 사는 이유가 바로 여기에 있다. 보통 영화나 소설의 스토리를 소비할 때 독자나 관객은 스토리의 전개에서 자신이 참여할 수 있는 부분이 없기 때문에 현실세계와 가상세계의 경계선이 붕괴되지 않도록 균형을 잡을 수 있다. 그러나 CMC를 통한 커뮤니티의 생성이 가능해지면서 경험의 리얼리티 강도가 강해지고 몰입이 극대화된다.

영화나 소설의 스토리에는 시작과 끝을 의미하는 입구와 출구가 있기 마련이다. 관객이나 독자는 플롯을 정리하고 베일에 가려졌던 스토리를 명쾌하게 밝혀내고서는 자리에서 일어나기 마련이다. 그러나 리니지와 같이 우발적 스토리가 강조된 MMORPG의 서사는 시작도 끝도 없기 때문에 플레이어도 게임을 끝내지 못한다. 혈맹 간의 공성전을 치르기 위해서 PC방을 통째로 빌려서 100여 명이 넘는 사람들이 온오프라인에서 조직적으로 전쟁을 치르는 실례는 그야말로 '리니지 월드'의 극한을 보여준다. 옆의 전우가 쓰러지는 모습에 복수심을 불태우고, 배신자를 색출하는 과정에서 전율을 느끼고, 결국 성을 차지하고 승리감에 도취되어 환호하는 1인칭적 경험은 분명 장대한 전쟁영화를 감상하면서 눈물을 흘리는 3인칭적 감정과는 비교할 수 없을 만큼 직접적이다.

이처럼 게임 스토리텔링은 소설이나 영화처럼 동일한 성질의 시퀀스로 이뤄진 것이 아니라 스토리텔링의 층위에 따라서 각기 다르게 나타난다. 독자나 관객이 자아를 잃고 오로지 작품 속 3인칭의 눈으로 완벽하게 구현된 세계를 따라가는 것이 기존의 서사였다면, 게임의 서사란 3인칭의 눈으로 세계를 목도하고 정보를 모은 후 '나'라는 1인칭의 움직임으로 세계를 돌아다니고 모험하다가 또 다른 영웅인 '너'를 만나 공동체를 이루고 그 안에서 나만의 새로운 서사를 시작하는 것이다.

게임 서사와 상호작용성

상호작용성의 분류

게임 서사가 기존 서사와 구별되는 가장 큰 변별점은 상호 작용성(interactivity)이다. 마이크로소프트(Microsoft Corporation) 의 차세대 비디오 게임기인 엑스박스(XBOX)의 개발자인 티모 시 패트라스(Timothy Petras)는 21세기 게임계를 지배할 키워 드로 '상호작용적 서사(Interactive Narrative)'를 제시한 바 있다. 소설이나 영화와 달리 게임의 서사는 플레이어의 행동에 반응 한다. 리모콘 시대의 시청자가 할 수 있는 최선의 행동이란 채 널을 선택하는 것이지만, 조이스틱 시대의 플레이어가 할 수 있는 행동은 서사 자체를 움직이는 것이다. 버튼을 클릭한다는 물리적 행동은 같을지라도 의자 뒤로 비스듬히 기대어 리모콘을 누르는 시청자와 컴퓨터 화면 앞으로 고개를 숙인 채 조이스틱이나 마우스를 누르는 플레이어의 몰입감은 분명 다르다.

게임 디자이너인 앤드류 롤링스(Andrew Rollings)와 어니스트 아담스(Ernest Adams)는 게임 콘텐츠를 상호작용성의 유무에 따라서 크게 '게임플레이(game play)'와 '스토리(story)'로 구분한다. 이 중 스토리는 상호작용성이 전혀 없는 부분(non-interactive part)에서만 발생한다는 것이 이들의 주장이다.

과연 스토리와 상호작용성은 게임 안에서 서로 상충되는 이질적 요소인가? 어느 하나도 포기할 수 없는 게임에서 스토리와 상호작용성의 상관관계를 어떻게 유지해야 하는가?

실제 게임에서 서사성과 상호작용성은 동시에 나타나며, 한쪽이 우위를 점하지 못한다. 층위별로 볼 때 기반적 스토리에서는 서사성만 존재하고 상호작용성은 발현되지 못한다. 기반적 스토리는 플레이어에게 정보화되어서 이상적 스토리로 이어지는데, 이상적 스토리에서는 서사성과 상호작용성이 반반의 비율로 발생하거나 장르에 따라서 적당 비율로 발생한다. 이후 우발적 스토리에서는 상호작용성의 비율이 서사성의 비율보다 현격히 높아진다.

그러나 게임은 3가지 층위의 스토리가 동시다발적으로 그 물망을 형성하면서 일어난다는 점을 염두에 둘 필요가 있다. 기존 학자들의 주장대로 게임에서 플레이어가 상호작용성을 경험하는 순간 서사성이 줄어든다는 것은 실제 게임을 플레이하는 경험에 비춰볼 때 모순적이다. 오히려 상호작용성과 서사성이 모두 효과적으로 균형을 맞추면서 발현될 수 있을 때 플레이어의 몰입은 최대화된다. 막연한 상호작용성의 개념으로는 점점 더 다양해지는 게임의 서사를 전부 아우를 수 없게 되고 만다. 이에 대한 해결을 모색하기 위해서는 상호작용성을 보다 세분화시켜서 이해할 필요가 있다.

첫째, 상호작용성은 게임 내 플레이어의 위치에 따라서 '내적·외적 상호작용성'으로 구분될 수 있다. 플레이어가 게임의 허구적 세계 내에서 자신을 구성원으로 인식하고 1인칭적 관점으로 스토리를 진행하는 경우를 '내적 상호작용성(internal interactivity)'이라고 정의하자면, 그와 반대로 플레이어가 게임의 허구적 세계 안이 아닌 바깥에서 신의 역할을 하는 경우는 '외적 상호작용성(external interactivity)'에 해당한다.

둘째, 플레이어와 스토리의 영향관계에 따라서 '해석적·창조적 상호작용성'으로 구분될 수 있다. '해석적 상호작용성(interpretive interactivity)'이 작용하는 경우, 플레이어는 데이터베이스를 자유롭게 항해할 수 있으나 그 행동이 거시적 플롯과 스토리에 영향을 주지는 못한다. 반면에 '창조적 상호작용성(creative interactivity)'이 작용하는 경우, 플레이어의 항해 방향과 선택에 따라서 플롯과 스토리가 달라진다.

각 층위의 상호작용성을 조합하면 총 네 가지 상호작용성이 산출되는데 이는 각각의 게임의 장르와 성격에 따라서 다양하게 적용된다. 상호작용성에 따른 게임의 분류는 플랫폼별 장르 구분이나 내용별 장르 구분이 이미 무색해진 현재와 미래의 복합적 게임의 서사를 설명하기에 적합한 틀로서 적용될 수 있을 것이다.

하이퍼픽션의 한계

네 가지 상호작용성 중 첫 번째로는 '외적·해석적 상호작용성'이 있다. 이 경우 플레이어는 게임의 허구적 세계 바깥에 위치해 있으면서 주어진 영역 안에서 자유롭게 돌아다닐 수 있다. 그러나 플레이어의 선택과 행동이 거시적인 플롯이나 스토리에 영향을 미치지 못한다. 대표적인 예로는 하이퍼픽션과 유사한 게임들을 들 수 있다. 외적·해석적 상호작용성을 통해서 플레이어는 스크램블 게임에서 단어를 선택하듯 주어진 낱말 안에서 자유롭게 선택을 할 수 있으나 이 때문에 스토리의 결말이 달라지지는 않는다.

최초의 하이퍼픽션은 마이클 조이스의 「오후, 이야기」다. 이 작품은 스토리스페이스(storyspace)라는 소프트웨어를 사용해서 만들어진 소설로, 한정된 텍스트를 조합하여 플레이어가 읽을 때마다 다른 스토리를 경험하도록 고안되었고, 총 539개의 텍스트가 951개의 링크로 연결되어 있다. 「오후, 이야기」의 중심을 이루는 스토리는 다음과 같다. 주인공 피터는 교통 사고 현장을 지나치게 되는데 이때 사고를 당한 사람이 자신의 전 부인인 로리와 아들인 앤드류일지 모른다는 가정 하에 이들의 행방을 찾아 나선다. 이들을 찾아 나서는 과정에서 자신의 상사인 위더와 전 부인인 로리와의 관계, 피터 자신과 상사 위더의 부인인 노시카 사이의 문제 및 과거의 문제들이 드러나면서 결국 사고를 당한 사람이 로리와 앤드류임이 밝혀진다.

「오후, 이야기」에 접속하는 순간부터 플레이어는 선택의 기로에 놓이게 된다. 어떤 선택을 하느냐에 따라서 읽었던 노드를 반복적으로 읽게 되기도 하고, 지표를 못 찾고 길을 잃어버리기도 한다. 경우에 따라서는 초반에 결론에 속하는 노드를 먼저 읽어버려서 사건의 인과관계를 충분히 파악하지 못한 채 마우스를 클릭하는 행위에만 집중하기도 한다. 플레이어는 이야기의 끝을 가늠할 수가 없고, 끝이 난다고 해도 스토리가 완성되었다는 느낌을 받지 못한다. 때문에 플레이어는 쉽게 스토리에 몰입할 수 없다. 「오후, 이야기」를 완벽하게 이해하기 위해서는 여러 경로를 통해서 텍스트를 반복하여 읽어야만 한다. 그러나 플레이어는 도중에 텍스트 읽기를 중단하기도 한다. 선택을 통한 텍스트 읽기란 한 번은 흥미롭지만, 두 번 세 번 거듭되고 에피소드가 반복되면 플레이어의 집중도와 몰입감이 떨어지기 때문이다.

이야기의 끝을 플레이어의 선택의 몫으로 넘기는 것, 다시 말해서 정해진 영역 안에서 플레이어의 자유도를 100%로 상정하는 것이 과연 서사를 이해하는 데 얼마나 도움이 될까?

초기 게임 서사학자들의 이론대로라면 플레이어의 자유도가 높아지면 높아질수록 게임에 대한 몰입감도 비례적으로 높아져야 옳다.

그러나 실제 게임의 결과는 다르다. 우발적 스토리가 배제된 상태에서 기반적 스토리와 이상적 스토리만으로 이루어진 하이퍼픽션과 같은 게임에서 플레이어는 완벽하게 닫힌, 잘 짜여진(well-made) 스토리의 끝을 기대하기 마련이다. 「반지의 제왕」과 같은 장중하고 거대한 서사에서 관객이나 독자가 기대하는 것은 인간보다 작은 프로도가 절대반지를 파괴하기 위해 어떻게 그 험난한 여정을 겪어내는가에 관한 것이지, "반지를 던지시겠습니까, 그냥 돌아가시겠습니까?"와 같은 선택의 자유를 기대하는 것이 결코 아니다. 오히려 기대하던 결말의 순간에까지 선택의 자유를 부여받는다면, 선형적인 서사를 따라서 몰입했던 긴장감은 그 순간 허무하게 무너지고 말 것이다.

가령 「마그나카르타」의 결론이 플레이어에게 리스를 살리든 칼린츠를 죽이든 맘대로 하라고 선택권을 주는 경우와, 칼린츠가 사랑했던 여인 리스가 칼린츠의 적군인 야손의 아밀라 여왕이었다는 반전을 밝혀낼 수 있도록 유도하는 경우 중 어느 편이 독자의 몰입감을 극대화시킬 수 있을까? 60시간이 넘게 플레이에 집중한 결과가 열린 결말(open-ended)일 경우, 플레이어는 게임에 몰입하기는커녕 허무감과 상실감을 맛보고 플레이를 중단하고 말 것이다. 그러므로 게임에 대한 몰입도를 높이기 위해서는 탄탄한 기반적 스토리를 토대로 플레이어로 하여금 응집력 있는 이상적 스토리를 경험할 수 있도록 유도해야 한다.

이는 비단 「오후, 이야기」에 국한된 문제가 아니라 하이퍼픽션이라는 장르 전반의 문제이기도 하다. 플레이어들이 경험한 하이퍼픽션의 결과는 인과론에서 벗어나 응집력을 갖추지 못하기 쉽다. 소설 자체는 비선형적이고 다각적으로 짜임새 있게 구성되었을지라도 플레이어가 다양한 방식을 통해 읽기를 아예 포기하기 때문이다.

하이퍼픽션의 대가 마크 아메리카의 하이퍼픽션 「그래마트론」은 프랑스의 철학자 자크 데리다(Jacques Derrida)의 『그래마톨로지 Grammatology』의 'Gramma'에 'Tron'을 덧붙여 만든 하이퍼픽션이다. '글쓰는 기계'라는 뜻의 이 소설은 1,100개가 넘는 텍스트들이 2,000여 개의 링크로 연결되어 있다. 이와 같은 하이퍼픽션은 전통 서사학자나 실험실에서는 환영받을지 몰라도 대다수의 플레이어들로부터는 외면받기 일쑤다. 디지털 콘텐츠의 생명력은 그것이 끊임없이 소비되고 링크되어 흘러간다는 점에 있다. 아무리 완벽하게 잘 만들어진 디지털 콘텐츠라 할지라도 그것이 웅덩이처럼 고여 있는 것이라면 결코 완벽한 디지털 콘텐츠라고 할 수 없는 것이다.

제이 더글러스(J.Yellowlees Douglas)는 「나는 아무 말도 하지 않았다 I have said nothing」란 하이퍼픽션을 통해서 교통사고를 당하고 죽음을 목도한 쉐리의 생사에 대한 단상과 느낌을 플레이어가 체험할 수 있도록 유도한다. 그러나 205개의 링크를 따라가는 플레이어는 결코 인생의 허무를 경험할 수 없다. 이야기를 연결시키는 선택의 줄을 잡고 있다고 해서 그것이 곧 플레이어 1인칭의 이야기가 될 수는 없기 때문이다. 사실, 삶과 죽음과 같은 소설적 진실들을 디지털의 기술을 통해서 전달하려는 시도 자체가 애초에 무리일지도 모른다. 21세기의 그릇에 여전히 20세기의 소설적 감정만을 담아내고 있기 때문이다. 마이클 조이스의 작품에서 제임스 조이스를 찾아내려는 것은 분명 무리이다. 게임을 하면서, 끝없이 늘어선 서가를 끼고 그 사이를 오래오래 걸으면서 사색하는 경험을 하고 싶다는 자넷 머레이와 같은 정통서사학자들의 꿈은 한낱 백일몽일 뿐이다.

이처럼 현 단계의 하이퍼픽션은 디지털을 기술로서만 받아들일 뿐 패러다임으로는 소화하지 못한다는 한계를 가지고 있다. 21세기의 패러다임을 간과한 하이퍼픽션이 대중들로부터 외면 받는 것은 당연한 귀결이다. 아쉽게도 현 단계의 하이퍼픽션은 실험적인 예술은 될 수 있어도 디지털 패러다임에 적합한 콘텐츠의 전범이나 대안은 될 수 없는 것이다.

당신도 라라 크로포드가 될 수 있다

상호작용성의 두 번째 종류로 '내적·해석적 상호작용성'이 있다. 내적·해석적 상호작용성이 작용할 경우, 플레이어는 게

임 내에서 자신의 분신이 될 수 있는 캐릭터를 부여받고 게임의 세계를 항해할 수 있지만, 캐릭터의 행동이 전반적인 스토리에 큰 영향을 미치지는 못한다. 콘솔용 게임들이 이러한 상호작용성을 가진 것에 속한다.

게임계의 여신이라고 불리는 라라 크로포드는 어드벤처 게임 「툼 레이더」의 여주인공이다. 1996년에 첫 선을 보인 이 작품은 정품만 3천만 장 이상이 판매된 게임계의 밀리언셀러이다. 내용상으로 아케이드 장르에 속하는 「툼 레이더」의 기본 모티브는 영화 인디아나 존스와 동일한 '성배 찾기'의 모티브로, 서구에서 스토리 가치가 가장 높은 모티브 중 하나를 차용하고 있다.

이제까지의 게임에서 여성 캐릭터가 이처럼 매력적인 경우는 없었다. 영국의 귀족 출신으로 고고학자로서의 학식도 풍부하고 전투에도 능한 미모의 여전사가 되기를 마다할 플레이어는 없을 것이다. 게임을 진행하는 동안 플레이어는 라라의 부모, 스승, 심지어 집사까지 만나게 되면서 서서히 라라의 바이오그래피를 익히게 되고 라라가 실재의 인물이라는 착각을 할 정도로 그 인물에게 몰입하기 시작한다. 같은 「툼 레이더」일지라도 영화의 관객은 안젤리나 졸리의 활약상을 보면서 오직 감탄밖에 할 수 없는 것과 달리, 게임에서 플레이어는 자신과 라라를 동일시할 수 있다.

이때 플레이어가 라라라는 인물의 근본을 바꿀 수는 없다. 플레이어는 오로지 이미 게임 디자이너에 의해서 완벽하게 만들어진 인물을 이집트의 사막, 인도의 정글, 아틀란스의 대륙 같은 공간 안에서 움직이면서 주어진 임무를 완수하면 그만이다. MMORPG처럼 캐릭터를 키울 필요도 없고, 「심즈」처럼 집을 지을 필요도 없다. 플레이어들은 그저 완벽한 캐릭터로 분해서 전 세계를 휘젓는 것만으로도 대리만족을 느끼게 된다. 이처럼 내적·해석적 상호작용성이 지배적인 게임에서 플레이어는 무에서 유를 창조하는 기쁨보다는, 이미 완벽하게 갖춰진 세계를 1인칭의 시점으로 돌아다니면서 임무를 완수하는 '스테이지 클리어'의 기쁨을 따르기 마련이다.

내적·해석적 상호작용성이 주로 작용하는 게임에서 플레이어가 몰입감을 느끼고 대리만족을 느끼기 위해서는 무엇보다도 캐릭터가 매력적이고 완벽해야 한다. PS2용 대전 3D 액션 게임인 「철권 Tekken」(Namco, 1995) 시리즈는 액션 게임의 대명사라 할 만하다. 10년간 계속되고 있는 철권 시리즈에서 가장 비약적인 발전을 이룩한 분야는 다름 아닌 그래픽이다. 특히 플레이어의 분신이라 할 만한 캐릭터의 진화는 실로 대단하다. 기본적으로 손과 발, 특정 무기를 이용해서 대전을 벌인다는 전제는 변함없지만 캐릭터가 발전하면 발전할수록 플레이어들의 몰입감은 높아질 수밖에 없다.

최근 발매된「철권5」에서는 캐릭터별로 내용적으로는 바이오그래피가 덧붙여졌고 외형적으로는 더욱 화려해지고 모션도 경쾌해졌다. 경우에 따라서는 게임을 하면서 획득한 게임 머니로 주어진 툴을 사용해서 자신만의 캐릭터를 보다 멋있게 꾸밀 수도 있다. 플레이어는 총 30명의 다양하고 완벽한 캐릭터 중에서 자신의 분신을 정한 후, 현실에서 불가능한 모션들을 단지 조이스틱을 통해서 구현하면서 대리만족을 느끼게 되는 것이다.

스타일리쉬 액션 게임을 표방하는「데빌 메이 크라이 *Devil May Cry*」시리즈 또한 뛰어난 캐릭터로 플레이어들을 집중시키는 작품 중 하나다. 가장 최근에 발매된「데빌 메이 크라이3」는「데빌 메이 크라이」이전의 스토리를 기반으로 한다. 쌍둥이로 각각 선과 악을 대변했던 단테와 버질이 이 게임의 주인공인데, 플레이어는 선을 대변하는 단테로 플레이하면서 주어진 단계들을 클리어한 후 아름다운 악마이자 자신의 유일한 혈육인 버질을 만날 수 있다. 플레이어는 주어진 모든 단계를 끝내야만 한다는 점, 그런 후 성 위에 올라가야만 버질을 만날 수 있다는 점 등 게임 디자이너가 기본적으로 설정해 놓은 틀 자체를 플레이어가 좌지우지할 수는 없다. 그럼에도 불구하고 플레이어는 단테로 플레이하면서 단테와 자신을 동일시하고 통쾌한 카타르시스를 느끼게 된다. 단테라는 매력적인 캐릭터로 분하고 총과 칼을 모두 사용해서 다채로운 공격을 구사할 수 있는 것은 물론 게임을 하면 할수록, 선한 캐릭터인 단테에게 내재되어 있던 악마성이 살아나는 이중적 체험을 하게 되기 때문이다. 또한 특정 장소에서 통쾌한 스타일 액션을 취할 수 있기 때문에 MMORPG에서 단순히 노가다성 반복 전투를 할 때보다 몰입과 대리만족의 쾌감이 훨씬 높을 수밖에 없다.

실제 세계의 매력적인 인물들을 총망라한 게임으로 내적·해석적 상호작용성이 작용하는 게임 중 대표적인 게임군이 바로 스포츠 게임이다. 축구 게임 「위닝 일레븐 *Winning Eleven*」(Konami, 2002) 시리즈와 「피파 *FIFA*」시리즈, 야구 게임인 「메이저리그 *ESPN MLB*」시리즈 등은 매해 출시될 때마다 플레이어들로부터 각광받고 있다. 특히 1995년 J리그 시리즈를 위시로 계속해서 출시되고 있는 「위닝 일레븐」(Konami, 2002)의 경우, 동일 시리즈가 20편을 넘어서고 있다. 그 중에서도 한·일 월드컵의 열기가 그대로 들어 있는 2002년판은 플레이어로 하여금 한·일 월드컵의 기쁨을 고스란히 1인칭의 것으로 전환시키는 역할을 하고 있다. 플레이어는 스스로 스트라이커인 황선홍으로 분해서 국제 경기에서 결승골을 넣고 골 세레모니를 하기도 하고, 영국 프리미어리그의 베컴으로 분해서 클럽 축구를 즐길 수도 있다.

게임의 공간은 실제 운동장과 흡사하게 묘사되어 있으며,

선수들의 능력치도 실제 능력치와 흡사하게 설정되어 있다. ESPN 메이저리그 시리즈의 경우, 스포츠 전문 채널 ESPN 특유의 방송 형태가 그대로 적용됐기 때문에, 플레이어는 메이저리그에서 실제로 자신이 박찬호가 되어서 투구를 하는 듯한 착각을 하는 가운데 경기를 즐기게 된다. 이처럼 스포츠 게임에서 플레이어는 현실의 정보와 게임의 가상성 속에 뒤섞인 채 대리만족을 느낄 수 있다.

보통 내적·해석적 상호작용성을 표방한 게임들은 매력적인 1인 캐릭터를 플레이어의 분신으로 내세우는 것과 달리, 스포츠 게임의 경우에는 한 팀의 다양한 스타 플레이어들을 컨트롤함으로써 게임의 재미를 높이도록 고안됐다. 스포츠 게임에서 플레이어는 스타 선수의 입장으로 플레이를 하는 동시에, 벤치의 감독의 입장으로 게임 전체를 조율할 수도 있다.

이처럼 내적·해석적 상호작용성이 주된 게임에서 가장 중요한 관건은 바로 '캐릭터를 얼마나 완벽하고 매력적으로 구현하는가'다. 이미 완벽하게 갖춰진 세계에서 현실적으로 불가능한 캐릭터를 조이스틱으로 조종한다는 사실만으로도 플레이어들은 대리만족을 얻고 게임에 쉽게 몰입할 수 있기 때문이다.

신격 게임의 인형조종술

세 번째, '외적·창조적 상호작용성'이 있다. 이 경우 플레이어는 특정 캐릭터로 분해서 게임 안에 있는 것이 아니라, 게임의 상부인 신의 위치에서 게임 전반을 조정할 수 있다. 일명 '신격 게임(god-game)'으로 분류되는 이 게임에서 플레이어는 게임의 모든 요소들을 컨트롤할 수 있는 능력을 부여받게 된다.

신격 게임의 대명사로는 시뮬레이션 게임인 「심시티(Simcity)」 (Maxis)나 「심즈」 등을 들 수 있다. 「심즈」는 현실세계의 규칙을 그대로 적용시킨 컴퓨터 안의 가상 세계에서 제2의 삶을 설계할 수 있도록 되어 있다. 그러나 「심즈」에서도 플레이어의 자유도가 언제나 100% 보장되는 것은 아니다. 플레이어가 제한 영역을 벗어날 경우 플레이어는 곧바로 「심즈」로부터 제재를 받게 된다.

제한 영역 안에서 「심즈」는 현실의 인간과 동일하게 다양한 활동을 하면서 자신만의 삶을 영위할 수 있다. 자신의 특성에 맞춰서 직업을 갖고 매일같이 출퇴근을 하며, 집에 돌아와서 휴식 시간에는 TV를 보면서 다른 심즈들과 대화를 나눈다. 하루 3끼를 먹어야 하고 식후에는 커피 메이커에서 갓 뽑아낸 커피를 후식으로 즐기기도 한다. 심즈는 인간의 기본적인 욕구인 식욕, 배설, 에너지, 오락, 안락, 사회성, 분위기의 여덟 가지 본능을 지니고 있다. 이 중에 하나라도 채워지지 않으면 실제 인간이 불안을 느끼듯 심즈도 불안을 느끼기 때문에 늘 욕구가 충만하도록 신격의 플레이어는 주의를 기울여야만 한다.

「심즈」에서 중요한 요소 중 하나는 심즈가 번 돈으로 플레이어는 스스로 심즈의 공간인 집을 꾸밀 수 있다는 점이다. 이는 한국의 커뮤니티 사이트 싸이월드(Cyworld.com)의 미니룸이라는 공간을 통해서 효과적으로 활용된 부분이기도 하다. 웹 공간에서 자신의 분신인 아바타를 꾸미고자 하는 욕구의 원천이 '남에게 보이고 싶은 나'라면, 심즈의 집이나 싸이월드의 미니룸처럼 공간을 꾸미고자 하는 욕구의 원천은 '내가 소유하고 싶은 공간', 즉 내가 보고 싶은 공간이다. 플레이어는 자신의 실제 모습과 가능한 한 유사하게 아바타를 꾸미기 위해 노력하거나, 반대로 현실에서는 결코 드러낼 수 없는 자신의 또 다른 모습을 드러내기 위해서 노력한다. 전자의 경우가 현실 긍정의 욕망을 대변한다면, 후자는 현실 부정의 욕망을 대변한다. 인간은 언제나 자신을 긍정하는 동시에 부정하고 싶은 이율배반적인 욕망을 갖고 있다. 「심즈」에서 플레이어는 한 평범한 인간으로서 겪을 수 있는 모든 희노애락을 전지전능한 신격의 위치에서 경험하게 되면서 이 두 가지 욕망을 동시다발적으로 해소하게 된다. 플레이어는 현실에서와 달리 스스로 자신의 가족을 택하고 그 가족들을 컨트롤하면서 인형조종술을 행하는 작가의 기쁨을 맛보게 된다.

시리즈가 거듭될수록 「심즈」는 일상성보다 이벤트성이 강조되는 방향으로 발전한다. 게임이 진화할수록 강조되는 부분은 예측불허의 우발적 스토리가 아니라, 게임 디자이너의 의도에 따라서 진행되는 이상적 스토리이다. 심즈의 확장팩에서는 '신나는 파티, 두근두근 데이트, 지금은 휴가중, 슈퍼스타'와 같은 부주제를 통해서 플레이어로 하여금 게임을 통해서

한국에 게임 붐을 일으켰던 미국 블리자드의 전략 시뮬레이션 게임 「스타크래프트」 중 테란종족.

일상이 아닌 일탈과 축제성을 경험하도록 유도한다.

　신격 게임으로 한국에서 가장 큰 여파를 몰고 온 게임은 다름 아닌 블리자드의 「스타크래프트 *Starcraft*」(Blizzard, 1997)이다. 전략 시뮬레이션 게임인 「스타크래프트」는 1997년 출시된 이래 한국의 플레이어들로부터 끊임없이 사랑받고 있다. PC방의 호황, 연봉을 받는 프로 게이머의 등장, 게임 전문 채널의 신설, 「스타크래프트」 전문 해설위원과 아나운서의 등장 등 한국 게임계에 「스타크래프트」가 몰고 온 변화란 그야말로 혁명적이었다.

　「스타크래프트」는 한국에서의 게임에 대한 인식 자체를 바꿔 놓았다. 초등학생들은 장래 희망을 물으면 주저하지 않고 '프로 게이머'라고 답했고, 게임 채널에서는 24시간 프로 게이머들의 멋진 한판 승부를 중계했다. 온라인 게임이 한창 출시되고 있을 때 아이러니하게도 사람들은 오프라인의 대형 스크린 앞에 모여 앉아서 아나운서와 게임 해설자의 설명을 들으면서 게임을 관전했다. 프로팀별 대항에는 심판과 감독도 존재했다. 게임은 늘 진지했고 규칙은 엄격했다. 과연 무엇이 우리로 하여금 「스타크래프트」에 이토록 열광토록 만든 것일까? 실제로 「스타크래프트」의 그래픽은 이후 등장한 다른 게임들에 비해서 뛰어난 편도 아니며 게임의 난이도도 대중성을 얻기에는 상당히 까다롭고 높은 편인데 말이다.

해답은 바로 다양하고 무궁무진한 플레이어의 신적인 능력에서 찾을 수 있다. 「스타크래프트」에서 플레이어는 테란, 프로토스, 저그의 3개 종족 중 하나를 택할 수 있다. 플레이어는 자신의 전략에 따라서 생산시설들을 세우고 다양한 유닛들을 생산해낸다. 이때 유닛을 조합할 수 있는 경우의 수가 무궁무진하기 때문에 상대편 플레이어가 어떤 전략을 취하느냐에 따라서 게임의 승패는 늘 다를 수밖에 없다. 그럼에도 불구하고 승패의 요인은 '예측불허의 우연성'이 아닌, '계산을 통한 예측'이다. 즉, 승패의 변수는 오로지 플레이어들의 능력에 기인하기 때문에 플레이어들은 끊임없이 게임의 기술을 연마해야만 한다.

「스타크래프트」는 마치 스포츠와 같다. 야구에서 공과 방망이는 물질적으로는 나무와 가죽 그 이상도 아니며 기본규칙은 히트 앤드 런이라는 단순 명제이지만, 뛰어난 감독과 선수들을 통해서 살아 숨쉬는 스포츠로 거듭난다. 「스타크래프트」에서 플레이어들은 스스로 야구의 감독이 되기도 하고 선수가되기도 한다. 그들은 다양한 전략 전술에 따른 빌드 오더(build order)를 세우고 끊임없이 기술을 연마하며, 빌드 오더에 따른 자신만의 선수단을 키워내고 컨트롤한다. 작은 공과 방망이로 플레이하는 야구가 몇십 년 동안 꾸준히 계속되어도 지루하지 않듯 「스타크래프트」도 늘 새롭다. 어떤 맵에서 플레이하느냐, 솔로로 플레이하느냐 팀 플레이를 하느냐, 어떤 종족을 택해서 어떤 빌드 오더를 전략으로 내세우느냐에 따라서 게임의 결과가 늘 달라지기 때문이다. 「스타크래프트」는 아직도 GG(Good game: 「스타크래프트」에서 게임의 패배를 인정하는 선언으로 곧 게임의 종료를 의미한다)를 선언할 기미를 보이지 않고 있다.

영웅들이 넘쳐나는 세상

네 번째, '내적·창조적 상호작용성'이 있다. 이 경우 플레이어는 게임 내의 캐릭터로 분해서 스스로 게임의 세계에서 기반적 스토리를 토대로 이상적 스토리와 우발적 스토리를 만들어가는데, 대부분의 MMORPG가 여기에 속한다. MMORPG에서 플레이어는 퀘스트를 수행하는 과정에서 플레이어 대 NPC(non player character)를 통해서 이상적 이야기를 경험하고 플레이어 대 플레이어 간의 커뮤니케이션을 통해서 우발적 이야기를 끊임없이 생성해나간다.

그래픽을 사용한 최초의 MMORPG이자 한국형 장수 MMORPG인 「바람의 나라」(Nexon, 1996)가 상용화된 이래 한국산 MMORPG의 바람이 여전히 거세게 불고 있다. 바람의

나라는 고구려 유리왕시대 무휼의 정벌담과 호동왕자와 낙랑
공주의 사랑이야기를 그린 김진의 동명 만화를 토대로 만들어
졌다.

플레이어는 게임 속에서 플레이어를 대변할 분신으로서의
캐릭터를 스스로 만드는 것에서부터 게임을 시작한다. 수십
가지 얼굴과 수백 가지 복장의 다양한 선택과 조합을 통해 플
레이어는 가상 공간에서 타인과 구별되는 '나'를 생성해낼 수
있다. 레벨 5에 이르면 전사, 도적, 주술사, 도사의 직업 가운
데 한 가지를 택할 수 있기 때문에 게임이 진행되면 될수록
플레이어는 자신만의 고유성과 정체성을 더욱 견고히 다지게
된다. 게임 시작 이후 캐릭터의 외형이 마음에 들지 않을 때는
게임 내에서 '영혼사'라는 곳을 통해서 일정 금액을 지불하고
성형수술을 받을 수도 있다.

게임 초기에 플레이어는 수렵시대의 원칙에 따라서 사냥을
통해서 돈을 모으고 체력과 경험치를 높이게 된다. 게임 도중

에 적의 공격을 받아서 죽기도 하는데, 보통 내적·해석적 상호작용성이 주된 게임에서는 플레이어가 죽으면 규칙에 따라서 게임을 끝내고 리플레이(replay)를 해야만 하지만, 「바람의 나라」에서는 플레이어가 죽어도 게임이 계속된다. 플레이어는 죽으면 성황당으로 옮겨지는데, 성황당에서 할머니에게 "살려주세요."라고 빌면 다시 부활할 수 있다. 이때 동방예의지국의 플레이어답게 "감사합니다."라고 공손히 대답하면 할머니는 플레이어의 예의가 바르다면서 체력을 올려준다.

기존의 게임과 MMORPG의 가장 큰 변별점은 바로 커뮤니티 형성에 있다. 「바람의 나라」에서 플레이어는 레벨 99이상의 지존이 되면 사이버 커뮤니티인 '문파'를 결성할 수 있다. 이후 이들은 주작, 현무, 백호, 청룡의 신수를 가진 네 개의 성을 두고 문파 간의 싸움인 문파공성전을 치를 수 있다.

「바람의 나라」는 한국 전통의 문화원형들을 토대로 아기자기하고 깜찍한 고구려 가상세계를 구현하는 데 성공했다는 점에서도 그 의의가 크다. 대개 문화원형을 활용한 콘텐츠의 경우, 정보전달에만 지나치게 치우친 나머지 궁극적인 서사의 즐거움이 실현되지 못하는 경우가 대다수이다. 이에 반해서 바람의 나라는 MMORPG라는 게임의 형식을 활용해서 한국 특유의 기반적 스토리와 이상적 스토리를 재창조하는 데 성공했다. 독특한 기반적 스토리와 이상적 스토리는 200만 명의 플레이어를 대상으로 자연스럽게 우발적 스토리로 이어진다. 이제는 보편적인 PVP(Player vs Player: 플레이어와 플레이어 간의 상호 동의 하에 이루어지는 배틀) 시스템을 최초로 도입해서 플레이어 상호 간의 커뮤니케이션과 실재감을 극대화하는 등, 「바람의 나라」는 초창기 한국형 MMORPG의 문법을 제시했다고 해도 과언이 아니다.

한국형 MMORPG의 출발선에 「바람의 나라」가 있다면, 외국형 MMORPG의 출발선에는 「울티마 온라인」과 「에버퀘스트 *EverQuest*」(Sony Online, 1999)가 있다. 북미에서 각광을 받았던 것과 달리 언어의 장벽, 난해한 인터페이스, 이질적인 세계관 등으로 한국에서는 고전했던 「에버퀘스트」는 원작이 나온 지 5년 만인 2004년, 두 번째 시리즈를 내놓았다. 「에버퀘스트」 시리즈는 제목에서 짐작할 수 있는 것처럼 파티플레이와 퀘스트를 강화한 MMORPG이다. 「에버퀘스트2」는 전작에서 50년이 지난 시점, 대재앙을 맞은 노라스 제국을 배경으로 펼쳐진다.

플레이어는 서버를 선택하기 전에 먼저 게임 속 자아인 캐릭터를 만들어야 하는데 머리모양에서부터 귀 모양까지, 그 선택의 폭이 매우 다양하다. 선택할 수 있는 종족은 크게 선한 집단인 케이노스와 악한 집단인 프리포트로 구분되며, 종족의 수만 하플링, 드워프, 하이엘프 등 총 15가지이다. 기본적으로 선택해야 하는 직업만 파이터, 메이지, 프리스트, 스카우트 등 총 4가지이며, 이후 레벨이 10단위로 올라갈 때마다 단계별 전직이 각각 3가지, 6가지가 가능하다. 여기에 전문직인 장인의 직업까지 포함하면 총 50가지가 넘는 직업이 발생하는 셈이다. 이처럼 「에버퀘스트」에서 플레이어는 자신만의 고유한 캐릭터를 창조해낸 후 던전, 산, 평원, 계곡, 도시 등 350평방 마일이 넘는 거대한 공간을 활보하면서 10만 명 이상의 플레이어와 1만 가지 이상의 NPC들을 만나 대모험을 겪게 된다.

최근 엔씨소프트에서 선보인 MMORPG 「길드워 *Guild War*」(엔씨소프트, 2005)는 한국에서보다 북미에서 각광받고 있다. 「길드워」는 분명 한국형 MMORPG와는 변별된다. 한국형 MMORPG와 달리 20레벨이 최고 레벨이며, 게임 시작과 동시에 총 4개의 캐릭터를 부여받기 때문에 롤플레잉 캐릭터와 대전모드 캐릭터 중 후자를 택하면 언제라도 최고 레벨에 오르지 않고도 4대4, 8대8의 대전 모드에 가담할 수 있다. 물론 롤플레잉 캐릭터를 20레벨로 키운 후 대전 모드에 참가하는 플레이어가 훨씬 유리하다. 때문에 두 개의 모드는 엄밀히 표현하자면 분리된 것이 아니라 연결되어 있다. 즉, 플레이어는 이상적 스토리를 통해서 캐릭터를 성장시킨 후 우발적 스토리를 통해서 길드를 조직하고 대전 모드에 참가해서 롤플레잉 모드에서 습득한 다양한 스킬들을 발휘하게 되는 셈이다. 롤플레잉 모드에서는 퀘스트와 미션을 통해서 캐릭터를 성장시키고 맵을 익히게 되는데, 이때 퀘스트는 솔로 플레잉이 가능하지만, 점차 레벨이 높아질수록 미션의 경우 파티를 맺어 수행하는 것이 훨씬 수월하기 때문에 자연스럽게 플레이어들 간의 커뮤니케이션과 길드라는 커뮤니티 형성이 가능하다.

이처럼 내적·창조적 상호작용성이 주된 MMORPG에서 플레이어는 게임의 이상적 스토리에서부터 우발적 스토리까지를 모두 자신의 선택을 통해서 만들어 나간다. 다시 말해 단지 컴퓨터 그래픽으로 재현된 게임 공간을 수동적으로 돌아다니는 것에 그치지 않고, 게임의 세계에서 자신의 분신이라 할 수 있는 캐릭터를 생성하고 다른 플레이어들과 커뮤니케이션을 통해서 커뮤니티를 만들어가면서 자신만의 고유한 게임 세계를 창조해 나가는 것이다.

게임 서사의 주인공, 영웅과 악당

영웅이 되기 위한 열두 단계

오늘날 게임 서사의 지배적인 소재는 영웅 모험담(hero's odysseys)이다. 플레이어는 햄릿이나 오이디푸스처럼 시간에 따른 심리적 갈등과 해결을 따라가는 대신에, 이상한 나라의 앨리스나 해리포터처럼 공간을 항해하며 목적지를 찾아가고 싶어 한다. 이 같은 모험담은 앤드류 롤링스나 앤드류 글랜서(Andrew Glanssner)의 지적대로, 조셉 켐벨(Joseph Cambell)이 다양한 문화권의 신화를 집대성해 도출한 '원질신화(monomyth)'와 과정상으로 일치한다. 앤드류 롤링스나 어니스트 아담스, 앤드류 글랜서와 같은 게임 디자이너들이 지적한 바와 같이,

게임에서의 영웅이란 '천의 얼굴(a thousand faces)'을 가지고 있더라도 종국에 그 흥망성쇠나 특징들은 조셉 켐벨의 지적대로 12개의 단계에서 벗어나는 법이 없다.

조셉 켐벨에 따르면 영웅의 일정은 첫째, 일상 세계(The Ordinary World)에서부터 시작된다. 「반지의 제왕」의 도입부에서 프로도는 호빗 마을에서 평화로운 일상을 즐기며, 세계를 구원하는 「매트릭스」의 네오도 단조로운 일상을 견디기 위해 밤이면 해커가 되는 일개 회사원일 뿐이다. 이 단계에서 플레이어는 영웅과 자신의 눈높이를 맞추고 영웅과 동류의식(relatable)을 갖게 된다.

두 번째, 모험에의 소명(The Call to Adventure) 단계에 이르면 일상세계의 단조로움에 금이 가고 변화의 징조가 싹트기 시작한다. 이 단계에서 예비 영웅은 사자로부터 충격적인 소식을 전해 받는다. 「반지의 제왕」에서 프로도는 겐달프와 삼촌으로부터 반지의 존재에 대해서 듣게 되고, 「매트릭스」에서 네오는 모피어스로부터 전화를 받는다. 소명을 전달하는 사자의 수단이 마차, 전화라는 점만 다를 뿐 충격적인 서신을 전달한다는 의미 자체는 동일하다.

세 번째, 이제 예비 영웅은 이 소명을 어떻게 받아들일 것인가에 대해서 고민하게 된다(Refusal of the Call). 그러나 일상세계에 몸담아 있던 예비 영웅은 아무래도 자신의 힘으로는 벅찬 장애물을 건널 수 없으리라는 생각에 선뜻 세계를 구하라는 소명을 받아들이지 못하고 머뭇거리게 된다. 「반지의 제왕」의 프로도와 「매트릭스」의 네오는 모두 자신의 소명에 대해서 처음에는 거부반응을 보인다. 소명이 거부되면서 극적 긴장감은 오히려 고조되기 마련이다.

네 번째, 이때 예비 영웅에게 용기를 주고 심신을 단련시킬 조력자가 등장하게 된다(Meeting with the Mentor). 조력자는 영웅에게 모험을 시작하는 데 있어서 꼭 필요한 것들을 제공한다. 때때로 영웅이 지쳐서 모험을 중단하려 할 때마다 조력자는 갑작스럽게 등장해서 영웅으로 하여금 모험을 계속해 나가도록 격려한다. 「반지의 제왕」에서 프로도의 멘토인 겐달프는 죽을 고비를 넘기고 다시 살아 돌아와서 위기에 처한 프로도를 구해주며, 「매트릭스」의 모피어스도 목숨을 걸고 네오를 보좌한다.

다섯 번째, 이제 영웅은 특별한 세계에서 첫 발을 내딛고 첫 관문을 통과한다(Crossing the Threshold). 여기서 영웅은 관문의 수호자를 만나게 된다. 관문을 통과하기 위해서 영웅은 물리적인 문, 다리, 사막, 절벽 등을 통과해야만 한다.

여섯 번째, 영웅은 거듭되는 시련을 이겨내고 진정한 영웅으로 거듭나는 것에 필요한 세 가지 요소인 시험(Tests), 협력자(Allies), 적대자(Enemies)를 만나게 된다. 「반지의 제왕」에서 프로도는 수평적 협력자들과 함께 첫 번째 관문을 통과하지만 다가올 다양한 시험에 통과하기 위해서는 수평적 협력자 외에도 다양한 협력자가 필요하다. 여정 중에 영웅은 때때로 신격의 여성을 만나게 된다(Meeting With the Goddess). 「반지의 제왕」에서 프로도는 여정 중 경외스러운 여신을 만나게 되며,「매트릭스」의 네오도 예언자 오라클을 만나게 된다. 그녀들은 영웅에게 선물과 통찰력을 주어 도와주거나, 자신의 직관, 감정, 정신을 이용할 수 있도록 도와준다. 여정 중 영웅은 아버지의 원형으로 재현된 인물을 만나기도 한다. 어머니가 전형적으로 보상을 지원하거나 용기를 북돋아 주는 반면, 아버지는 전형적으로 영웅을 시험하고 재판한 후 가치 있는 보상을 수여한다.

일곱 번째, 영웅은 드디어 여정의 핵심을 이루는 동굴의 가장 깊은 곳으로 접근하게 된다(Approaching the Cave). 여기서 영웅은 첫 번째 미션을 치르게 된다. 미션은 결코 영웅 자신만의 능력으로 헤쳐 나갈 수 있는 수준의 것이 아니고, 사방에서 적들이 막고 있기 때문에 영웅은 보통 협력자의 협조를 통해서 난관을 헤쳐 나가야만 한다.

여덟 번째, 영웅은 드디어 동굴의 가장 중앙에서 최강의 적

북미 지역에서 인기를 구가하고 있는 소니의 MMORPG 「에버퀘스트」 중 영웅들.

을 마주하게 된다(The Ordeal). 진정한 영웅으로 거듭나기 위해서 영웅은 시련을 겪던 중 죽음을 경험하게 되고 이후 다시 태어나는 이른바 '죽음과 재생'의 과정을 거쳐야만 된다. 「매트릭스」에서 네오는 스미스 요원과의 대결에서 죽게 되지만, 자신이 구세주인 '더 원(the One)'이라는 사실을 트리니티의 사랑을 통해서 확인한 후 진정한 영웅으로 부활하게 된다.

아홉 번째, 시련을 이겨낸 영웅은 마침내 검이나 보물, 영약을 보상으로 받고(The Reward), 주변 인물로부터 축하를 받고 축제를 벌이게 된다. 때로는 「매트릭스」의 네오처럼 진정한 사랑을 획득하기도 한다.

열 번째, 이제 미션을 모두 수행한 영웅은 그 보상을 거머쥔 채 다시 일상의 세계로 돌아갈 것인가, 아니면 또 다른 모험의 세계로 떠날 것인가 하는 선택의 기로에 놓이게 된다. 「반지의 제왕」에서 프로도는 일단 호빗 마을로 귀환하기로 결정한다(The Road Back).

열한 번째, 영웅은 집으로 귀환한다. 그러나 영웅의 통과의례는 아직 끝나지 않았다. 영웅의 여정이 막을 내리려는 순간, 영웅은 최후의 시련을 맞이하게 되고, 이것을 넘겨야만 진정한 영웅으로 확고하게 거듭날 수 있다. 영웅은 목숨을 담보로 한 최후의 대결을 벌이게 된다. 마지막 순간, 영웅은 예기치 않게 죽음을 맞이하기도 한다. 그러나 영웅의 죽음으로 끝나는 영웅담이란 존재할 수 없다. 영웅은 또다시 부활(Resurrection)하기 마련이다.

열두 번째, 마지막 단계는 불로불사의 영약을 지니고 귀환

하는 것이다(Returning with the Elixir). 여정은 대단원의 막을 내리게 되지만 영웅은 결코 한 자리에 머무는 법이 없다. 「반지의 제왕」에서 프로도는 귀환 후에도 자신의 이야기를 후세에 알리기 위해서 그간의 일들을 기술해 자료로 동지에게 넘겨준 후 자신은 또다시 여행길에 오른다. 그래야지만 진정한 영웅으로서의 서사가 완결될 수 있기 때문이다.

영웅의 필요충분조건, 악당

기반적 스토리를 토대로 진행형의 영웅 모험담을 엮어내는 것은 플레이어의 몫이다. 이때 이상적 스토리는 결코 플레이어가 지름길을 통해서 단숨에 목적지에 도달하게 하는 것이 아니다. 「마그나카르타」에서 칼린츠를 플레이하는 플레이어는 이페리아와 지라트, 바이에르 등 방대한 지역에서 갖가지 퀘스트와 결투를 치른 후에야 스토리의 엔딩에 도달할 수 있다. 게임에서 서사가 발생하는 순간은 영웅이 공간을 움직이는 순간이 아니라, 움직임을 저지당하는 순간이다. 「마그나카르타」의 플레이어는 늘 몇 발자국 움직이지도 못하고 몬스터나 야손을 만나게 된다. 총 60시간이 넘는 플레이 시간 중 플레이어가 공간을 자유롭게 돌아다닐 수 있는 '플레이어 타임(player time)'과 퀘스트나 결투를 치르는 데 할애되는 '이벤트 타임(event time)'의 비율은 대략 4:6에서 3:7까지 이른다.

게임의 서사에 있어서 상호작용성을 가장 중시하는 학자들은 공간에서 플레이어의 자유도가 최대로 보장되는 플레이어 타임이 게임에서 핵심을 이룬다고 본다. 그러나 게임에서의 공간이란 앞으로 거침없이 나아가기 위한 공간이 아니라, 영웅이 되기 위한 플레이어가 퀘스트라는 장애를 만나고 이를 극복하기 위해서 설계된 공간이기 때문에 궁극적인 게임성은 자유도가 한정된 이벤트 타임의 공간에서 발생한다.

게임에서의 영웅이 영웅으로서 의의를 가지는 이유는 기존 학자들의 지적처럼 무한한 공간을 돌아다닐 수 있기 때문만이 아니다. 자체로 견고하게 닫힌 완벽한 월드가 구현되었을 때에만 플레이어는 불가항력적으로 퀘스트를 만나게 된다. 게임의 서사란 공간을 움직이는 플레이어가 퀘스트를 수락하는 순간 발생하는 것이다.

오늘날에는 플랫폼별, 혹은 내용별로 게임의 장르를 나누는 것이 무의미할 만큼 하나의 게임 안에서도 다양한 1인칭적 경험이 가능하다. 그럼에도 불구하고 각양각색의 게임들이 공유하는 단 하나의 목표는 바로 '승리'다. 승리를 얻었을 때 비로소 플레이어는 기존의 서사물에서 결코 체험할 수 없었던 강력한 플로우(flow)를 경험하게 된다. 이때의 몰입감이란 기존 서사물에서 경험했던 수동적, 소극적 카타르시스의 차원이 결코 아니다. 플로우란 가장 강력한 형태의 몰입감으로 연속적으로 주어진 퀘스트에 대한 수행의 완료와 승리(offer and reward)를 통해서 현실세계가 사라지고 게임세계만 남은 것 같은 경이로움을 체험하는 것이다.

플로우 효과가 보다 강력해지기 위해서는 주인공의 영웅성이 한층 더 강화되어야 한다. 캠벨의 영웅서사에서 살펴본 바와 같이 영웅의 캐릭터는 시공간을 초월해 고정적이요 보편적이다. 전형적 영웅을 한층 돋보이게 만들기 위해서는 영웅을 영웅답게 만드는 요소, 즉 시련을 강화하는 것이 최선의 대안이다. 때문에 영웅이 영웅으로서의 진정성을 획득하는 데 있어서 악의 캐릭터는 필수불가결한 요소이다. 프로타고니스트는 안타고니트스와 대립함으로써 자아정체성을 찾고 영웅의 서사로 뛰어들게 되는데, 안타고니스트의 힘이 강력하면 강력할수록 프로타고니스트 또한 잠재한 능력을 발휘하게 된다. 이처럼 게임에서의 안타고니스트란 프로타고니스트인 플레이어로 하여금 행동을 취하게 하고 이를 통해서 서사가 진행되도록 유도하는 원동력이다. 이때 주인공과 대립하게 되는 요소는 같은 인간일 수도 있고 자연일 수도 있으며 그 자신일 수도 있다.

북미를 중심으로 전 세계의 가정을 강타했던 최초의 게임인 1972년 작 「퐁」에서는 안타고니스트의 면모가 별로 위협적이지 않았다. 움직이는 막대기 두 개와 원만으로 이루어진 이 게임은 탁구의 원리를 차용하고 있는데, 그 시대만 하더라도 공간성에 대한 강조는 두드러지지만 아직 캐릭터성을 논하기에는 미흡한 단계였다. 1인칭의 플레이어도, 플레이어와 대결하는 반대편도 모두 흰색 막대 모양의 추상적 형태를 띠고 있기 때문이다. 「퐁」뿐 아니라 「팩맨」, 「테트리스」와 같은 초기 게임에서 영화적 캐릭터의 특성이나 스토리성을 찾아내는 것은 무리다. 그러나 현대의 게임 서사는 점점 더 강력해지고 있다. 강력해지는 게임 서사의 중심에 영웅이 있다면, 그 영웅을 영웅답게 만드는 그림자 격의 악당 또한 그 중심에 있다.

쥬라기 공원 효과

인간은 낯선 것에 두려움을 느끼기 마련이다. 1922년 독일의 무르나우(Friedrich Willhelm Murnau) 감독이 최초로 신화나 소설로만 전하던 드라큘라를 스크린으로 옮겼을 때, 관객들은 경악을 금치 못했다. 지금은 초등학생들도 아무렇지도 않게 게임 「악마성의 드라큘라 Night of Demon Castle Dracula」를 플레이하면서 드라큘라에게 칼을 휘두르지만, 당시에 사람들은 드라큘라의 모습을 보는 것만으로도 소스라치게 놀랐다. 바로 낯선 존재가 시각적으로 재현되었기 때문이다.

낯선 타자의 출현에 대해서 자아는 본능적으로 경계심을 품게 된다. 특히 타자가 자아보다 강한 존재이면서 동시에 낯선 존재로 재현될 때 영웅은 액션을 취하게 된다. 일반적으로 안타고니스트가 영웅인 프로타고니스트보다 강하면서도 낯선 존재로 그려지는 이유가 여기에 있다. 특히 안타고니스트의 외형이 비인간적일 경우에는, 오직 인간 중심의 영웅이 되고자 하는 프로타고니스트는 그런 안타고니스트를 제거하는 데 전혀 도덕적 가책을 느낄 필요가 없게 된다.

1인칭 액션 게임의 대명사,
액티비전의 「둠」 중 몬스터.

　이와 같은 논리를 잘 이용한 예로는 스티븐 스필버그의 1993년 작 「쥬라기 공원 *Jurassic Park*」류의 영화를 들 수 있다. 6천5백만 년 전의 존재, 즉 과거의 존재인 공룡은 그 크기만으로도 인간 이상이며 위협적이다. 현재 시점에서 이들은 제거되어야만 하는 안타고니스트이기에 탐사대는 수단과 방법을 총동원해서 이들을 몰살하고 인류를 구원하는 영웅으로 등극하고자 한다. 관객들은 난데없는 공룡의 출현으로 극한의 공포를 경험하게 되지만 종국에는 그 공룡들이 전부 패배한다는 이야기의 줄거리를 통해 보다 안정적으로 느껴지는 일상으로 복귀하면서 카타르시스를 경험하게 되는 것이다. 그 존재감이 위협적이면 위협적일수록, 일상으로 복귀할 때의 안도감은 높아지기 마련이다.

　공간의 차이만 있을 뿐이지 1975년 작 「죠스 *Jaws*」나 1997년 작 「아나콘다 *Anaconda*」등의 영화들도 모두 이와 같은 법칙성을 답습하고 있다. 위에 언급한 장르의 영화들이 후속편을 계속 낼 수 있는 이유도 바로 여기에 있다. 안타고니스트가 동급 이상이거나 동급 이하의 인간일 경우라면 이들을 제거하는 데 있어서 영웅은 심리적 갈등과 고뇌를 겪기 마련이지만, 일단 그 대상의 외피가 비인간이면서도 강력한 존재로 규정되고 나면 프로타고니스트는 고뇌 없이 바로 액션을 취하기 마련이다.

이 같은 논리는 여름 극장가를 강타하는 일시적 블록 버스터급 영화뿐만 아니라, 각종 게임에 적용되기 시작한다. 영화에서와 달리 게임에서의 몬스터란 게임의 존재 자체를 가능케 하는 중요한 캐릭터다. RPG의 시초라 불리는 「던전 앤 드래곤 *Dungeons and Dragons*」이라는 제목에서 시사하는 바와 같이 게임에서는 영웅의 면모보다도 오히려 드래곤, 즉 괴물의 면모가 다각화되는 데 중점을 맞추고 있다.

'드래곤'으로 상징되는 몬스터는 플레이어보다는 1단계 정도 우위의 파워를 지니고 있어야 한다. 플레이어보다 약한 몬스터는 플레이어에게서 적극적인 액션을 끌어내지 못하며 플레이어가 몬스터를 제거한 후에 느끼는 성취감도 반비례하기 때문이다. 또한 '드래곤'은 그 외면이 가급적 비인간적이어서 플레이어가 낯설음을 느껴야만 한다. 그래야지만 적극적 액션을 적절한 시기에 유도해낼 수 있기 때문이다. 안타고니스트의 외면이 햄릿의 삼촌이거나 오이디푸스처럼 자기 자신인 경우에는 이 법칙성에 어긋나기 때문에 플레이어로 하여금 결코 선뜻 행동하도록 유도하지 못한다. 「퐁」의 시대에 단순히 플레이어의 반대편에 위치하고 있던 하얀 막대는 이제 플레이어보다 조금 우위의 낯선 존재로 입체화되기 시작하는 것이다.

사이먼 효과

  냉전시대가 막을 내리고, 가치 중심이 주류에서 비주류로 옮겨가는 패러다임 속에서 스토리를 바라보는 독자나 관객, 플레이어의 시각에도 변화가 생기기 시작한다. 예를 들어, 늘 용서할 수 없는 악당으로 여겨졌던 팥쥐, 변학도, 놀부 등의 인물형에 대한 재조명이 활발하게 이뤄지는 등 악당을 다각적으로 이해하고자 하는 시도가 이루어지는 것이다. 악이란 선을 중시하는 기존 질서의 저편에 존재한다는 점에서 금기적 대상이다. 인간에게는 늘 금기를 파기하고자 하는 욕망이 내재해 있으니, 자연히 악을 대면했을 때 그 악을 징벌하고 제거해야 하는 존재임을 자각하는 동시에 악에게서 묘한 매력도 느끼게 된다.

  모든 악은 제거되어야만 하지만 악의 외면에 따라서 느끼는 플레이어의 감정에는 각각 차이가 있다. 「쥬라기 공원」에서의 안타고니스트들은 하나같이 비인간적 외면을 갖고 있기 때문에 플레이어가 응징의 액션을 취하는 데 전혀 망설임의 순간을 경험하지 못하지만, 그 악의 외면이 인간적이며 매력적이라면 이야기가 달라진다. 바로 이 같은 효과를 십분 활용한 영화가 1995년 작 「다이하드3 *Die Hard with a Vengeance*」이다. '사이먼 가라사대(Simon says)'란 부제를 달고 있는 이 영화에서는 악역으로 영국과 할리우드에서 지성과 미를 겸비한 배우로 잘 알려진 제레미 아이언스(Jeremy Irons)를 사이먼으로 캐스팅, 속편으로서의 한계를 극복했다. 영화 내에서 영웅인 브루스 윌리스(Bruce Willis) 분의 뉴욕 경찰관 맥클레인의 캐릭터는 1편부터 3편까지 일률적인 데 반해서, 악인의 캐릭터는 1편에서부터 3편까지 다양하면서도 편을 거듭할수록 더욱 매력적인 악인으로 거듭나고 있음을 알 수 있다.

'사악할수록 아름다운' 악인의 등장으로 야기되는 사이먼 효과는 그러나 대부분 영화에서만 재현되고 있을 뿐 게임에서는 그 예를 찾아보기가 힘들다. 당대 할리우드에서 선남선녀로 손꼽히는 인물들만으로 이루어져 가히 '매력적인 악당 종합선물세트'라 할 만한 스티븐 소더버그(Steven Soderbergh)의 2001년 작 영화「오션스 일레븐 *Ocean's Eleven*」과 같은 영화의 예에서만 쉽게 찾아볼 수 있을 뿐이다. 게임에서도 마찬가지로, 아름답고 매혹적인 악인의 사이먼 효과를 활용한 것은 여전히 찾아보기 힘들다.「쥬라기 공원」의 효과에 관해 언급한 바와 같이, 독자나 관객이 자아를 잃고 오로지 작품 속의 '그녀/그'라는 3인칭의 눈으로 완벽하게 구현된 세계를 목도하는 것이 소설이나 영화에서의 체험이라면, 게임에서는 '나'라는 1인칭의 행동을 통해서 서사 자체가 이뤄지기 때문이다.

사악하고 아름다운 악의 캐릭터는 바라보기에는 만족스러울지 모르나, 플레이어가 스스로 칼을 들어 베기에는 부적절하다. 게임은 그 장르적 특성상 프로타고니스트에게 안타고니

스트에 대한 심리적 배려나 이해의 여지를 줘서는 안 된다. 그
것이 곧 플레이어의 액션을 이끌어내는 데 장애물이 될 수 있
기 때문이다. 게임에서는 생각하는 플레이어보다 행동하는 플
레이어를 원한다. 행동하지 않으면 서사도 없다.

지킬박사와 하이드 효과

사실 실제 세계에서 인간이란 온전한 선인도 아니요, 온전
한 악인도 아니다. 인간은 양면적 성격을 지니고 있기 때문에
같은 상황을 대면하게 되더라도 양가적 감정을 느끼기 마련이
다. 때문에 이러한 인간의 양면적 면모를 십분 활용한 캐릭터
들이 영웅에 대적하는 악인으로 등장할 경우, 플레이어들은 '쥬
라기 공원 효과'에서는 불가능했던 경험을 하게 된다.

톨킨의 소설 「반지의 제왕」을 영화화 및 게임화한 작품에
서 영웅의 관문을 통과하는 캐릭터는 바로 평범한 인간보다
작은 호빗이다. 외면적으로는 인간 이하의 존재로 형상화된
호빗만으로는 사우론으로 대변되는 검은 악의 무리를 소탕하
는 데에 무리가 따른다. 따라서 호빗이 조지 캠벨이 말하는
'영웅의 열두 단계'를 무사히 치르기 위해서는 수평적 조력자
로 엘프족 레골라스, 난쟁이족 김리, 인간전사 아라곤과 보로
미르 등이 여정에 동행해야만 한다. 아울러 위기 모면에 있어
서 필수불가결한 존재인 마법사 겐달프가 수직하강한다. 그는
위기의 순간에 적절하게 등장해서 반지 원정대를 위기에서 구

출하는 신격 조력자의 역할을 맡고 있다.

여기서 주목해야 할 캐릭터가 바로 겐달프와 사루만이라는 캐릭터의 대립이다. 악의 대변자인 사루만과 선의 대변자인 겐달프는 모두 마법사이며 외형이 비슷한 가운데 각각 검은색과 흰색으로 형상화되어 있다. 사우론 수하에 있는 모르도르의 악의 존재들이 대부분 '쥬라기 공원 효과'를 불러일으킬 만큼 거칠고 흉악한 외면을 지닌 데 비해서, 사루만은 겐달프의 그림자나 이중자아를 보는 것만큼 닮아 있는 것이다.

이와 같은 존재의 이중적 면모는 워쇼스키 형제(Wachowski)의 1999년 작 영화「매트릭트」에서도 여실히 드러난다.「매트릭스」에서의 영웅 캐릭터는 네오다. 모피어스로부터 전화로 모험의 소명을 전하는 모피어스와 사랑의 힘으로 네오를 부활시키는 트리니티, 유다가 그랬던 것처럼 영웅을 배신하는 사이퍼 등은 네오에게 있어서는 수평적 조력자에 해당한다. 이에 반해 네오가 흔들리는 중요한 순간에 신탁을 전하는 역할은 오라클이 맡게 된다. 오라클이 선의 측면에 속하는 대변자라면, 스미스 요원은 악의 측면에 속하는 대변자이다. 때문에 영화의 종결판인 2003년 작「매트릭스3 *The Matrix Revolutions*」에서 결정적인 순간에 네오는 스미스 요원의 얼굴에 오라클의 얼굴이 겹쳐지는 형상을 보게 되는 것이다.

물론 게임은 기존의 서사물과 근본적인 미학과 매커니즘 자체가 다르기 때문에 이미 그 이야기 가치를 검증받은 작품이 게임화될 경우거나 그 반대의 경우 결과가 달라질 수 있다.「반

'스타일리쉬 액션 게임'을 표방한 캡콤사의 「데빌 메이 크라이」 중 쌍둥이인 단테와 버질.

지의 제왕」 게임의 경우 '쥬라기 공원 효과'만을 강조하기도 하고, '지킬박사와 하이드 효과'는 전면에 부각시키지 않았다.

게임에서 '지킬 박사와 하이드 효과'를 전면적으로 부각시켜 성공한 예로는 「데빌 메이 크라이 *Devil May Cry*」 시리즈를 들 수 있다. 명예욕에 사로잡힌 냉혈한으로 성의 꼭대기에서 동생을 기다리는 푸른 옷의 버질과 지상에서 인간미 넘치는 모습으로 살아가는 붉은 옷의 단테가 벌이는 한판 승부는 액션 게임의 물리적인 상황을 넘어서서 플레이어로 하여금 카인과 아벨의 서사를 1인칭으로 경험하게끔 유도하고 있다.

조조 효과

아시아 최대의 서사 『삼국지연의』에는 영웅이 되기에 충분한 각양각색의 캐릭터들이 대거 망라되어 있다. 기존의 서사

장르인 소설이나 영화에서 대부분의 독자나 관객은 유비, 관우, 장비의 삼합 구조에 감정을 이입하기 마련이다. 그러나 그와 동시에 상대 진영에 속함에도 불구하고 지략과 계략이 뛰어난 조조의 캐릭터에도 미묘한 매력을 느끼지 않을 수 없다. 혹자는 물불을 가리지 않는 육탄공세형의 장비보다는 냉철한 판단력과 지혜를 갖춘 조조의 모습에 더욱 공감하기도 한다.

실제로 위·촉·오 삼국의 거대한 서사망 속에서는 어느 편을 기준점으로 삼느냐에 따라서 영웅과 악인의 역할이 뒤바뀔 수 있다. 유비가 프로타고니트스라면 조조가 안타고니스트로, 반대로 조조가 프로타고니스트라면 유비가 곧 안타고니스트로 분하게 된다. 결국 독자나 관객, 플레이어가 누구의 시점에서 서사를 바라보고 진행하고자 하는가라는 기준점의 선택에 따라서 프로타고니스트와 안타고니스트의 위치 또한 동전의 양면처럼 언제든지 뒤바뀔 수 있는 것이다.

PS2용 게임으로 최근 PSP용 게임으로도 각광을 받고 있는

동양 최대의 고전 『삼국지연의』를 기반으로 한 코에이의 액션게임
「진삼국무쌍」 중 유비와 관우.

코에이의 액션게임 「진삼국무쌍3」에서 플레이어는 위·촉·오의 영웅 중 자신의 아바타를 선택하는 것에서부터 게임을 시작한다. 이 게임은 본래 탄탄하기 그지없는 나관중의 『삼국지연의』를 기반적 스토리로 삼고 있기 때문에 플레이어에 의해서 생성되는 이상적 스토리 또한 탄탄할 수밖에 없다.

게임이 시작되면 플레이어는 먼저 위·촉·오의 다양한 캐릭터 중에서 하나를 선택해야 한다. 망라된 캐릭터 중 '쥬라기 공원 효과'에서처럼 흉악하기에 제거되어야만 하는 캐릭터는 단 하나도 없고, 모든 캐릭터가 매력적인 영웅의 면모를 갖추고 있는 것으로 묘사되고 있다. 이제 플레이어가 위·촉·오의 영웅 중 누구를 선택했느냐에 따라서 절대지존의 『삼국지연의』가 나만의 서사로 탈바꿈하게 된다. 플레이어가 원할 경우, 자신이 원하는 유형의 영웅을 스스로 디자인해서 삼국지의 서사 속에 삽입시킬 수도 있다. 게임이 점점 진행되고 서사가 복잡해짐에 따라서 플레이어는 단 한 명의 영웅이 아닌 다양한 영웅 중의 한 명을 택해 대전을 치를 수도 있다. 영웅이 나의 판단과 움직임을 통해서 진정한 영웅으로 거듭나는 과정을 경험하고 나만의 역사를 만들어간다는 것은 분명 선형적 스토리인 『삼국지연의』를 읽는 것과는 또 다른 차원의 경험일 것이다.

이와 같은 '조조 효과'는 온라인 게임에서도 적극 활용되는 추세이다. 블리자드사의 야심작 「월드 오브 워크래프트」의 주무대인 아제로스는 끊임없는 전쟁과 충돌 속에서 만들어진 세계다. 아제로스의 종족들은 어느 한쪽을 선택해 동맹을 맺어야만 하는데, 플레이어는 크게 얼라이언스나 호드 중 한 동맹을 택해야 한다. 얼라이언스 동맹에는 인간, 나이트 엘프, 드워프, 노움이, 호드 동맹에는 오크, 트롤, 언데드 포세이큰, 타우렌이 속해 있다. 두 동맹은 게임 「워크래프트」에서 지난 10년간 다져진 반목의 역사를 '기반적 스토리'로 삼고 있기 때문에 서로를 악인으로 규정하는 데 전혀 무리가 없다. 즉, 플레이어가 어느 진영을 택하느냐에 따라서 악의 진영이 달라지는 것이다. 심지어 플레이어가 속한 같은 동맹의 캐릭터와는 대화가 가능하지만, 반대 동맹의 캐릭터와는 언어가 다르기 때문에 대화가 불가능하도록 고안되어 있다.

영웅의 서사가 강화되기 위해서는 악의 캐릭터 또한 보다 다각화될 수밖에 없다. 엔씨소프트의 온라인게임 「길드워」의 경우, 차르 대 인간이라는 선악대립을 도입, '쥬라기 공원 효과'를 통해서 캐릭터로 하여금 롤플레잉 게임의 전형적인 체험을 유도한다. 그러나 게임은 결코 「쥬라기 공원」처럼 단순히 사악한 괴물의 퇴치만을 강요하지는 않는다. 캐릭터가 20레벨에 이르고 영웅이 되기 위한 임무를 완수한 플레이어는 이제 진정한 영웅이 되기 위해서 플레이어 대 플레이어의 대결 모드에 뛰어든다. '지킬박사와 하이드 효과'는 물론 '조조효과'까지도 한 편의 게임에서 모두 아우르고자 하는 것이다. 이러한 악의 캐릭터와 효과들은 결국 진정한 영웅을 꿈꾸는 플레이어를 위한 것이다.

진정한 영웅을 꿈꾸는 플레이어를 위하여

게임에서는 기술과 서사가 비례적으로 발달한다. 「퐁」부터 「리니지」에 이르기까지, 게임은 게임일 뿐 서사란 중요하지 않다고 주장하는 게임학자들의 주장을 뒤엎고 게임의 서사는 점점 강력해지고 있다. 그러나 게임의 서사는 소설이나 영화의 서사가 완성되는 부분에서 시작한다는 점에서 분명 기존의 소설이나 영화의 서사와는 변별된다. 때문에 이에 대해서는 서사의 요소는 물론 스토리의 층위에서부터 상호작용성의 층위에 이르기까지 게임만의 서사학을 새롭게 정립한 이후 논해야 할 것이다.

게임 스토리의 층위는 주지한 바와 같이 기반적 스토리(back story), 이상적 스토리(ideal story), 우발적 스토리(random story)로 나뉜다. 각각의 스토리는 선형성, 부분선형성, 비선형성을 특징으로 하는 가운데 유기적인 연계성을 지니고 발전해 나간다. 게임 디자이너는 소설과 영화가 전해주던 3인칭의 완벽한 서사를 구현해야 함은 물론, 플레이어를 유도할 수 있는 1인칭의 이상적 스토리와 우발적 스토리의 조합까지도 염두에 둔 가운데 서사의 결과뿐만 아니라 과정까지도 세심하게 고려해야 한다.

게임사에서의 1년이란 마치 영화사의 10년, 소설사의 100년을 뛰어넘을 만큼 큰 변화를 가능케 한다. 최초의 비디오 게임이 등장한 지 불과 30여 년, 게임은 이제 소설은 물론 영화나 애니메이션을 뛰어넘는 콘텐츠로 나날이 가파른 상승곡선을 그리며 발전하고 있다. 이러한 급변을 가능케 하는 가장 큰 요인 중의 하나가 바로 플레이어의 상호작용성(interactivity)이다. 당대에 발굴되지 못했거나 진가를 인정받지 못했던 소설이나 영화가 훗날 비평가들의 평가를 통해서 재조명되는 경우는 있어도, 당대 플레이어들로부터 외면받았던 게임이 훗날 재조명받는 경우는 없다. 게임에 있어서만큼은 플레이어의 상호작용성이 무엇보다도 중요하기 때문이다. 그러나 모든 게임의 상호작용성이 같은 것은 아니다. 플랫폼 별 게임 장르의 분류가 무색한 현재의 복잡다단한 게임을 설명하기 위해서는 주지한 바와 같이 상호작용성의 층위를 보다 세심하게 분류할 필요가 있다.

최초의 비디오 게임인 1962년 작 「스페이스워 *Space War*」

나 최초의 상업용 비디오 게임인 1971년 작 「컴퓨터 스페이스 *Computer Space*」는 그 제목에서 시사하는 바와 같이 기존의 서사와 달리 공간성(space)을 중시하면서 등장했다. 게임만큼 공간성을 다른 어떤 요소보다도 극대화한 서사는 없다. 그러나 게임의 서사는 단순히 주인공의 공간적 움직임에 의해 플롯이 추구되는 고대의 디아제시스(diagesis)적 서사 형식으로 되돌아가자는 것이 아니다.

구텐베르크 은하계에서 독자를 이해시키기 위한 수단으로 묘사와 서술이 활용됐다면, 게임 은하계에서는 플레이어로 하여금 행동을 유발시키기 위한 수단으로 상호작용성을 활용한다. 구텐베르크 시대의 영웅은 개인적·역사적 제약과 싸우기 위해서 모험을 떠났지만, 게임의 영웅은 오로지 창조된 세계에서 움직이기 위해서 여정에 오른다. 때문에 구텐베르크의 은하계에서는 기차에 몸을 던지는 안나 카레리나나 선택의 기로에서 고뇌하는 햄릿이 얼마든지 주인공이 될 수 있지만, 상호작용성에 따른 플레이어의 행동이 중시되는 게임 은하계에서는 행동형의 해리포터나 이상한 나라의 앨리스만이 주인공이 될 수 있다.

어느 시대에는 이야기를 들었고 어느 시대에는 이야기를 읽고 봤다면, 이제 우리 시대에는 이야기를 듣기도 하고 보기도 하면서 아울러 이야기를 통해 새롭게 행동할 수도 있는 것이다. 게임은 구텐베르크의 은하계를 파괴하려는 것이 아니다. 다만 서사라는 끝없는 우주에서 새롭게 발견된 은하이다.

참고문헌

__ 도서

Aarseth, Espen, *Cybertext: Perspectives on Ergodic Literature*, Johns Hopkins U.P., 1997.

_____, "Genre Trouble: Narrativism and the Art of Simulation", *First Person*, The MIT press, 2004.

Bolt, Norbert, 윤종석 역, 『구텐베르크-은하계의 끝에서: 새로운 커뮤니케이션 상황들』, 문학과지성사, 2000.

Caillois, Roger, *Man, play, and games*, The Free Press, 1961.

Caillois, Roger, 이상률 역, 『놀이와 인간』, 문예출판사, 1999.

Cambell, Joseph, 이윤기 역, 『천의 얼굴을 가진 영웅』, 민음사, 1999.

Crawford, Chris, *Chris Crawford on Interactive Storytelling*, New Rider Games, 2004.

Crawford, Chris, *The Art of Computer Game Design*, McGraw-Hill, 1984.

Eskelinen, Markku, "Towards Computer Game Studies", *First Person*, The MIT press, 2004.

Fransca, Gonzalo, "Simulation versus Narrative: Introduction to Ludology", *The Video Game Theory Reader*, Routledge, 2003.

_____, "Ludologist Loves Stories, too: note from a debate that never took place", *Game Studies*, 2001. www.gamestudies.org.

_____, "Ludology Meets Narratology", *Game Studies*, 2003, www.gamestudies.org.

_____, "Simulation versus Narrative: Introduction to Ludology", *The Viedo Game Theory Reader*, Routledge, 2003.

Glanssner, Andrew, *Interactive Storytelling*, AK Peters, 2004.

Huizinga, Johan, *Homo Ludens*, The Beacon Press, 1950.

Jenkins, Henry, "Game Design as Narrative Architecture", *First Person*,

The MIT press, 2004.

Jenning, Pamela, *Narrative Structure for New Media: Toward a New Definition*, Leonardo, 1996.

J.C. Herz, *Joystick Nations*, Little Brown, 1997.

Juul, Jesper, "Introduction to Game Time", *First Person*, The MIT press, 2004.

_____, "Games telling Stories?: A brief note on games and narratives", *Game Studies*, 2001, www.gamestudies.org.

Landow, Georg, *Hypertext2.0: The Convergence of Contemporary Critical Theory and Technology*, The Johns Hopkins U.P., 1997.

Laurel, Brenda, *Computer as Theater*, Addison-Wesley Porfessional, 1993.

Levy, Pierre, 김동윤·조준형 역, 『사이버 문화』, 문예출판사, 2000.

Manovich, Lev, *The Language of New Media*, The MIT Press, 2002.

Marie Laure Ryan, "Beyond Myth and Metaphor", *Game Studies*, 2001. www.gamestudies.org.

_____, *Narrative Across Media: The Languages of Storytelling*, University of Nebraska Press, 2004.

_____, *Routledge encyclopedia of narrative theory*, Routledge, 2005.

Mark J.P. Wolf and Bernard Perron ed., *The Video Game Theory Reader*, Routledge, 2003.

Mateas Michael, "A Preliminary Poetics for Interactive Drama and Games", *First Person*, The MIT press, 2004.

Muray, Janet, *Hamlet on the Holodeck: The Future of Narrative in Cyberspace*, The MIT Press, 1998.

_____, "From Game-Story to Cyberdrama", *First Person*, The MIT press, 2004.

Perlin, Ken, "Can There be a Form between a Game and a Story?", *First Person*, The MIT press, 2004.

Pool, Steven, *Trigger Happy: Videogames and the Entertainment Revolution*, Arcade Publishing, 2004.

Rollings, Andrew & Adams Ernest, *Game Design*, New Rider Publishing, 2003.

Salen, Katie & Zimmerman Eric, *Rule of Play-Game Design Fundamentals*, The MIT Press, 2003.

Vogler, Christopher, 함춘성 역, 『신화, 영웅, 그리고 시나리오 쓰기』, 무우수, 2005.

__ 게임

「퐁 Pong」(Atari, 1972)

「팩맨 Pacman」(Namko, 1980)

「테트리스 Tetris」(THQ, 1985)

「오후, 이야기 Afternoon, a Story」(Joyce, Michael, 1987)

「둠 Doom」(Activision, 1993)

「미스트 Myst」(Ubisoft, 1993)

「툼 레이더 Tomb Raider」(Eidos, 1996)

「바람의 나라」(넥슨, 1996)

「그래마트론 Grammatron」(Mark Amerika, 1997)

「울티마 온라인 Ultima Online」(Electronic Arts, 1997)

「스타크래프트 Starcraft」(Blizzard, 1997)

「에버퀘스트 EverQuest」(Sony Online, 1999)

「심즈 Sims」(Maxis, 2000)

「파이널 판타지Ⅹ Final FantasyⅩ」(Sqare, 2001)

「위닝 일레븐6 Winning Eleven6」(Konami, 2002)

「반지의 제왕: 왕의 귀환 The Lord of the Ring」(EA, 2003)

「엔터 더 매트릭스 Enter the Matrix」(Atari, 2003)

「워크래프트3 Warcraft3」(Blizzard, 2003)

「진삼국무쌍3 Shin Sangokumusou3」(Koei, 2003)

「리니지2 Lineage2」(엔씨소프트, 2003)

「ESPN 메이저리그베이스볼」(Blue Shift, 2004)

「마그나카르타: 진홍의 성흔 Magnacarta」(소프트맥스, 2004)

「월드 오브 워크래프트 World of Warcraft」(Blizzard, 2005)

「데빌 메이 크라이3 Devil May Cry 3」(Capcom, 2005)

「길드워 GuildWar」(엔씨소프트, 2005)

「철권5 Tekken5」(Namco, 2005)

디지털 게임 스토리텔링 게임 은하계의 뉴 패러다임

펴낸날	초판 1쇄	2005년	8월	5일
	초판 2쇄	2013년	3월	5일

지은이   **한혜원**
펴낸이   **심만수**
펴낸곳   **(주)살림출판사**
출판등록 1989년 11월 1일 제9-210호

주소   경기도 파주시 문발동 522-1
전화   031-955-1350   팩스 031-955-1355
기획 · 편집 031-955-4662
홈페이지 http://www.sallimbooks.com
이메일   book@sallimbooks.com

ISBN   978-89-522-0419-6   04080